［液化天然ガス］

LNG
プロジェクトファイナンス
リスク分析と対応策

井上義明＝著
Yoshiaki Inoue

一般社団法人 金融財政事情研究会

まえがき

　本書は液化天然ガス（LNG）事業向けのプロジェクトファイナンスについて解説したものである。プロジェクトファイナンスは特定のプロジェクトや事業に対する融資である。金融機関が通常行う企業向けの融資（コーポレートファイナンス）と比較すると、その特徴が際立つ。企業向け融資は当該企業の財務諸表等を分析して融資の可否を判断する。ところが、プロジェクトファイナンスの借主は通常特別目的会社（SPC）であり、融資を行う時点では財務諸表等が存在しない。プロジェクトファイナンスでは借主が行うプロジェクトや事業そのものを分析して融資の可否を判断する。加えて、事業設備等が完成して操業を開始すると、親会社の債務保証も徴求しない（いわゆるノンリコースになる）。企業向け融資のレンダーがとっているリスクは、融資先企業の破綻リスクであるが、プロジェクトファイナンスのレンダーがとっているリスクは、事業の破綻リスクである。あるいは、事業リスクそのものである。たとえば、高い信用格付をもつ企業に対する融資であれば、駆け出しの金融マンが起案した貸出稟議書でも決裁されるであろう。そして、融資先は高格付なので、融資が不良債権化することもまず考えられない。しかし、駆け出しの金融マンにプロジェクトファイナンスの貸出稟議書は書けない。当該プロジェクトファイナンス案件の良し悪しを見極めるのは無理である。なぜなら、プロジェクトファイナンスの融資先の事業そのものの良し悪しを判断しなければならないからである。そういう意味で、プロジェクトファイナンスは事業家に寄り添った融資であり、かつ企業向け融資で行われる財務分析などよりも広範で深遠な分析を要する融資である。プロジェクトファイナンスは「事業金融の雄」というのも、あながち誇張ではない。

　さて、プロジェクトファイナンスは現在さまざまな事業の資金調達に利用されている。発電事業、資源開発事業、石油精製事業、石油化学事業、FPSO事業、LNG船事業、インフラ事業など多岐にわたる。多額で長期間の

融資が可能である点や新興国でも融資が可能である点などプロジェクトファイナンスの利用価値は大きい。昨今日本企業は海外での事業投資を活発に行っているが、こういう海外事業投資においてプロジェクトファイナンスを利用する機会が増えてきた。2012年には国際石油開発帝石が西豪州のLNG事業でプロジェクトファイナンスによる資金調達を行った。13年には出光興産がベトナムの石油製油所事業でプロジェクトファイナンスによる資金調達を行った。さらに、12年と14年に日立製作所が英国の鉄道事業でプロジェクトファイナンスによる資金調達を行った。いずれも多額で長期にわたる資金調達である。これまで海外でプロジェクトファイナンスを利用する日本企業というと、もっぱら商社や電力・ガス会社が多かった。日本の石油開発会社、石油精製会社、総合電機会社が海外でプロジェクトファイナンスを利用するというのは、まさに新潮流である。プロジェクトファイナンス利用者の裾野は日本企業の間で明らかに広がってきている。

　こういう新潮流に伴って、プロジェクトファイナンスに対する日本の金融機関、事業会社、政策関係者、研究者等々の関心の高まりは、昨今著しい。海外のプロジェクトファイナンスに関する日本語の書籍も出版されている。筆者も、数年前海外プロジェクトファイナンスの概説書を出版した（『実践プロジェクトファイナンス』2011年、日経BP社）。そして、本書はプロジェクトファイナンスの総論や概説書からさらに一歩踏み込み、液化天然ガス事業に焦点を当てたプロジェクトファイナンス各論の一冊としたものである。

　なぜ液化天然ガス（LNG）事業なのか、という点を説明しておきたい。そもそも、プロジェクトファイナンスの案件には「電力型」と「資源型」の案件がある。「電力型」案件はその名が示すとおり電力案件に代表される案件群で、ほかにFPSO事業やLNG船事業などもこの類型に含まれる。さらに、公共事業を民間と共同で実施しようとするPFI/PPPにも「電力型」が多くみられる。「電力型」の特徴は事業収入が安定している点である。事業収入が安定しているので、事業そのものも採り上げやすいし、プロジェクト

ファイナンスとしても採り上げやすい。しかし、一般的に考えると、事業収入が安定している事業というのは、事業としての難易度は高くない。事業投資全般を見渡したとき、事業収入が安定している事業というのは例外的な存在である。事業としての難易度が高くないということは、プロジェクトファイナンスとしての難易度も高くない。つまり、プロジェクトファイナンスのなかでも、「電力型」事業向けのプロジェクトファイナンスは必ずしも難易度が高くないのである。一方、「資源型」事業というのは文字どおり資源開発事業全般にみられる事業群のことである。石油・ガス、鉄鉱石、石炭、銅などの資源を採掘・生産し、多くの場合他国に輸出する。総事業費も巨額にのぼる。「資源型」事業では資源の埋蔵量の質や量が十分かどうか、採掘に問題はないか等々技術面・経済面あるいは環境面の諸問題に始まり、生産物の価格は市場で決まるので事業収入の予測も容易ではない。事業らしい事業というのは、間違いなく「電力型」事業よりも「資源型」事業である。「資源型」事業は、事業としての難易度が高い。したがって、「資源型」事業向けのプロジェクトファイナンスも難易度が高い。各論のプロジェクトファイナンスの書籍を著すとすれば、「電力型」事業に関するものよりも「資源型」事業に関するもののほうが実務的に裨益するところが大きいと考えた。

そして、「資源型」事業つまり資源開発事業のなかには石油・ガス、鉄鉱石、石炭、銅などの資源を開発するさまざまな事業があるわけであるが、そのうちどの資源を採り上げるのが適切なのか、時宜を得たものなのか。しばらく考えをめぐらした結果、天然ガスあるいは液化天然ガスに行き着いた。それは次のような理由からである。

① 天然ガスは化石燃料のなかで最も排出物が少なく環境に優しい
② 埋蔵量も石油に比べ相対的に豊富にある
③ 日本は世界最大の液化天然ガス輸入国である
④ 福島第一原子力発電所事故後日本の原発が停止してから、電源を代替したのは主に液化天然ガスである
⑤ 非在来型といわれるシェールガスの商業化が北米で進んできた、日本

への輸出も本格化してきた
⑥　しかし、天然ガスを長距離で運搬するためには液化する必要があり、この液化天然ガス事業には巨額の投資を要する

　さまざまな資源のなかでも、とりわけ天然ガスあるいは液化天然ガスの今後の重要性は強調しても強調しすぎるということはない。こういう背景から、各論のプロジェクトファイナンスの書籍を著すとすれば、まず液化天然ガス事業向けのプロジェクトファイナンスに関する書籍が最適であろうと考え、本書が誕生するに至った次第である。

　さて、本書が想定する読者は、海外のプロジェクトファイナンスにご関心のある方々全般と資源開発事業なかんずく天然ガス事業や液化天然ガス事業にご関心のある方々全般である。また、金融機関に勤務する方々、金融やファイナンスに興味をもたれている方々にも参考になるところがあるのではないかと思う。
　なお、本書での見解や考えは筆者個人のものであって、筆者の勤務先のものではない。また、本書で使用したデータや情報はすべて公開情報であり、できる限り出典を明示した。米国ドルの円換算は便宜上１ドル当り100円としている。

【著者略歴】

井上　義明（いのうえ　よしあき）

オーストラリア・ニュージーランド（ANZ）銀行スペシャライズドファイナンス・ジャパン本部長。プロジェクトファイナンス、ストラクチャードファイナンス、ECAファイナンスなどの業務を所管。
1984年富士銀行（現みずほ銀行）入行。ニューヨーク支店融資課長、ヒューストン支店プロジェクト＆エネルギー・ファイナンス課長、プロジェクトファイナンス部参事役を歴任。2005年国際協力銀行プロジェクトファイナンス部参事（出向）を経て、2006年より現職。
早稲田大学大学院商学研究科修士課程修了。英検1級（優良賞）。プロジェクトファイナンスの講師歴多数。
〈著書〉『実践プロジェクトファイナンス』（2011年、日経BP社）
〈連絡先〉dairyashford@hotmail.co.jp

目　次

第1章　はじめに

第1節　本書の目的と意義……………………………………………………2
第2節　本書の構成……………………………………………………………3

第2章　天然ガス市場と液化天然ガス事業

第1節　天然ガス市場…………………………………………………………6
　第1項　天然ガスと液化天然ガス…………………………………………6
　第2項　米国シェールガス…………………………………………………9
　第3項　市場間の天然ガス価格差………………………………………14
第2節　日本と液化天然ガス………………………………………………17
　第1項　日本の液化天然ガス輸入………………………………………17
　第2項　日本の液化天然ガス価格………………………………………20
第3節　液化天然ガス事業…………………………………………………24

第3章　プロジェクトファイナンスの概観

第1節　定義、市場、沿革…………………………………………………30
　第1項　プロジェクトファイナンスの定義……………………………30
　第2項　プロジェクトファイナンスの市場……………………………33
　第3項　プロジェクトファイナンスの沿革……………………………37
第2節　特徴、比較、利用理由……………………………………………47
　第1項　プロジェクトファイナンスの特徴……………………………47
　第2項　企業向け融資との比較…………………………………………54

第3項　プロジェクトファイナンスの利用理由……………………57
第3節　類型とデフォルト率…………………………………………60
　第1項　プロジェクトファイナンスの類型…………………………60
　第2項　プロジェクトファイナンスのデフォルト率………………73
第4節　日本企業および邦銀の動向…………………………………75
　第1項　日本企業の動向………………………………………………75
　第2項　邦銀の動向……………………………………………………80

第4章　液化天然ガス事業向けプロジェクトファイナンスのリスク分析と対応策

第1節　スポンサーリスク……………………………………………86
第2節　完工リスク……………………………………………………93
第3節　埋蔵量リスク…………………………………………………99
第4節　操業リスク……………………………………………………106
第5節　技術リスク……………………………………………………107
第6節　販売リスク……………………………………………………110
第7節　金利・為替リスク……………………………………………113
第8節　キャッシュフローリスク……………………………………119
第9節　環境リスク……………………………………………………125
第10節　災害リスク……………………………………………………129
第11節　カントリーリスク……………………………………………131

第5章　今後の動向と実例

第1節　今後の動向……………………………………………………140
　第1項　非在来型の天然ガス…………………………………………140
　第2項　浮体式液化プラント…………………………………………143

第2節　液化天然ガス事業向けプロジェクトファイナンスの実例………144
第3節　結　　び……………………………………………………………151

あとがき………………………………………………………………………154
参考文献………………………………………………………………………156
事項索引………………………………………………………………………158

【図表目次】

図表1	化石燃料の利用の進展………………………………………………	7
図表2	天然ガスの貿易量推移………………………………………………	8
図表3	天然ガスの輸送方法…………………………………………………	9
図表4	米国シェールガスの生産量推移……………………………………	11
図表5	米国シェールガス生産量と天然ガス価格…………………………	11
図表6	米国での発電燃料の天然ガスシフト………………………………	12
図表7	日本、欧州、米国の（液化）天然ガス価格………………………	15
図表8	日本の液化天然ガス輸入推移………………………………………	18
図表9	2010年以降の日本の貿易収支………………………………………	18
図表10	日本の液化天然ガス受入ターミナル………………………………	19
図表11	石油価格の推移………………………………………………………	21
図表12	日本の液化天然ガス価格―S字カーブ……………………………	23
図表13	日本の液化天然ガス価格―屈折点…………………………………	24
図表14	液化天然ガス事業のサプライチェーン……………………………	26
図表15	プロジェクトファイナンス市場規模………………………………	34
図表16	プロジェクトファイナンスの産業分野別内訳（2013年）………	35
図表17	プロジェクトファイナンス案件規模上位10件（2013年）………	36
図表18	企業向け融資とプロジェクトファイナンスの比較表……………	57
図表19	電力型の案件例………………………………………………………	63
図表20	電力型・資源型と輸出型・国内型…………………………………	69
図表21	プロジェクトファイナンスのデフォルト率………………………	74
図表22	日本企業によるプロジェクトファイナンス事例（2011年度）…	76

図表23	日本企業によるプロジェクトファイナンス事例（2012年度）⋯⋯⋯77
図表24	日本企業によるプロジェクトファイナンス事例（2013年度）⋯⋯⋯78
図表25	プロジェクトファイナンスのリーグテーブル⋯⋯⋯⋯⋯⋯⋯⋯⋯⋯81
図表26	3メガ銀の海外収益比率⋯⋯⋯⋯⋯⋯⋯⋯⋯⋯⋯⋯⋯⋯⋯⋯⋯⋯⋯82
図表27	原始埋蔵量と可採埋蔵量⋯⋯⋯⋯⋯⋯⋯⋯⋯⋯⋯⋯⋯⋯⋯⋯⋯101
図表28	確認埋蔵量、推定埋蔵量、予想埋蔵量⋯⋯⋯⋯⋯⋯⋯⋯⋯⋯⋯101
図表29	リザーブ・カバー・レシオとリザーブ・テール・レシオ⋯⋯⋯102
図表30	リザーブ・テール・レシオと借入金返済⋯⋯⋯⋯⋯⋯⋯⋯⋯⋯103
図表31	浮体式液化プラントの完成予想図⋯⋯⋯⋯⋯⋯⋯⋯⋯⋯⋯⋯⋯108
図表32	液化天然ガスの販売契約期間⋯⋯⋯⋯⋯⋯⋯⋯⋯⋯⋯⋯⋯⋯⋯111
図表33	電力型・資源型と金利リスク⋯⋯⋯⋯⋯⋯⋯⋯⋯⋯⋯⋯⋯⋯⋯115
図表34	キャッシュフロー・インとキャッシュフロー・アウト⋯⋯⋯⋯118
図表35	液化天然ガス事業のキャッシュフローの例⋯⋯⋯⋯⋯⋯⋯⋯⋯119
図表36	キャッシュ・ウォーターフォール⋯⋯⋯⋯⋯⋯⋯⋯⋯⋯⋯⋯⋯121
図表37	豪州イクシス液化天然ガス事業概略図⋯⋯⋯⋯⋯⋯⋯⋯⋯⋯⋯128
図表38	非在来型天然ガスの液化事業とプロジェクトファイナンス⋯⋯142
図表39	パプアニューギニア液化天然ガス事業概要⋯⋯⋯⋯⋯⋯⋯⋯⋯145
図表40	パプアニューギニア液化天然ガス事業概略図⋯⋯⋯⋯⋯⋯⋯⋯146
図表41	オーストラリア・パシフィック液化天然ガス事業概要⋯⋯⋯⋯148
図表42	オーストラリア・パシフィック液化天然ガス事業概略図⋯⋯⋯148
図表43	豪州イクシス液化天然ガス事業概要⋯⋯⋯⋯⋯⋯⋯⋯⋯⋯⋯⋯150

第 1 章

はじめに

第 1 節　本書の目的と意義

　本書の目的は、液化天然ガス事業向けプロジェクトファイナンスについてリスク分析の手法とリスクに対する対応策を明らかにすることである。プロジェクトファイナンスは事業リスクの一部をとる。事業向け融資の雄である。しかし、事業リスクの一部をとるためには緻密なリスク分析と周到な対応策がなければならない。プロジェクトファイナンス・レンダーは投資家ではない。どこまで行っても融資家である。投資と融資には大きな彼我の差がある。投資がハイリスク・ハイリターンで、融資がローリスク・ローリターンというだけでは彼我の差は表現し切れない。融資は原則リターン（ローン・マージン）が固定しているという点に注目したい。リターンが原則固定している以上、とるべきリスクの範囲もおのずと限定していなければ合理的ではない。リターンの固定、リスクの限定という制約は融資の特徴でもある。プロジェクトファイナンスは融資であるから、事業リスクの一部をとるといっても、リスクを限定していかなければならない。本書の目的は液化天然ガス事業向けプロジェクトファイナンスについてリスク分析の手法とリスクに対する対応策を明らかにすることであるが、筆者のなかに通底する視点はリターンが固定する融資はリスクを限定していかなければならないという点である。

　本書の意義は、液化天然ガス事業の資金調達においてプロジェクトファイナンスがいかに有用であるか、そしてその将来性に期待できるか、ということを詳らかにするところにある。液化天然ガス事業向けプロジェクトファイナンスの有用性と将来性を詳らかにするには、そのリスク分析の手法とリスクへの対応策を解き明かすことが役に立つであろうと筆者は考えている。

第 2 節　本書の構成

　本書は5章からなる。本章（第1章）「はじめに」のほか、「第2章　天然ガス市場と液化天然ガス事業」「第3章　プロジェクトファイナンスの概観」「第4章　液化天然ガス事業向けプロジェクトファイナンスのリスク分析と対応策」「第5章　今後の動向と実例」である。

　本書の主題は液化天然ガス事業向けプロジェクトファイナンスに関するリスク分析とリスク対応策である。したがって、第4章が主題を取り扱う。主題を扱う第4章の前に、主題がもつ2つの側面つまり液化天然ガス事業とプロジェクトファイナンスについてそれぞれ第2章と第3章で採り上げる。

　第2章では、まず天然ガスおよび液化天然ガスについて述べ（第1節および第2節）、次いで、液化天然ガス事業について述べる（第3節）。天然ガスとは何か、液化天然ガスとは何か（第1節第1項）、米国のシェールガスとは何か（第1節第2項）、天然ガス市場間の価格差の問題（第1節第3項）を論じ、日本と液化天然ガスの関係にも一節を設けた（第2節）。そして、液化天然ガス事業とは何かを概観する（第3節）。

　第3章では、プロジェクトファイナンスを概観する。プロジェクトファイナンスの定義、市場、沿革（第1節）から始め、プロジェクトファイナンスの特徴、企業向け融資との比較、企業がプロジェクトファイナンスを利用する理由（第2節）、さらにプロジェクトファイナンスの類型化を試みて、プロジェクトファイナンスのデフォルト率についても触れる（第3節）。最後に、プロジェクトファイナンスを利用する最近の日本企業の動向や邦銀の動向をみる（第4節）。

　主題となる第4章は、液化天然ガス事業向けプロジェクトファイナンスについて、レンダーの視点からリスク分析とリスクへの対応策を論じる。論じる手立てとして、液化天然ガス事業向けプロジェクトファイナンスにおける主要リスクをまず11に分類する。すなわち、スポンサーリスク、完工リス

ク、埋蔵量リスク、操業リスク、技術リスク、販売リスク、金利・為替リスク、キャッシュフローリスク、環境リスク、災害リスク、カントリーリスクである。それぞれのリスクの内容を分析し、それぞれのリスクに対するレンダーのとらえ方、対応策を論じる。

　第5章では、前章の主題を受けて本書をまとめる。今後の動向、実例、結びの3節からなる。今後の動向（第1節）では天然ガスおよび液化天然ガス事業にかかわる2つの新しい潮流について触れておく。1つは非在来型の天然ガスであり、もう1つは浮体式液化プラントである。液化天然ガス事業向けプロジェクトファイナンスの実例（第2節）では具体的な案件の概要を3件紹介している。すなわち、パプアニューギニア液化天然ガス事業、オーストラリア・パシフィック液化天然ガス事業、豪州イクシス液化天然ガス事業である。結び（第3節）としては、液化天然ガス事業向けのファイナンスとしてプロジェクトファイナンスがいかに有用であるか、将来性があるかを再確認する。

第 2 章

天然ガス市場と液化天然ガス事業

第1節　天然ガス市場

第1項　天然ガスと液化天然ガス

　天然ガスは、メタンを主成分とする常温常圧で気体の炭化水素である[1]。炭化水素すなわち化石燃料の利用は、人類の発展に大きく寄与してきた。固体の石炭、液体の石油、そして気体の天然ガスの順序で、人類は化石燃料を利用するようになった。19世紀は石炭の利用が主であったが、20世紀は石油の世紀である[2]。石油の利用は輸送機関とりわけ自動車や航空機の発展を促した。20世紀も第二次世界大戦以後は天然ガスの利用が進んでいる。図表1は、化石燃料の利用の進展を視覚的によく表している。

　図表1では、天然ガスの利用割合が戦後逓増している点に留意を要する。全エネルギーのうち、天然ガスの利用割合は13％（1960年）、20％（1980年）、24％（2010年）と増加を続けている。他方、石炭の利用割合は20世紀を通じて逓減を続けている。石油の利用割合は1970〜80年代にピークを迎え、以後徐々に低下している。国際エネルギー機関（IEA）は、2011年に天然ガスの黄金時代（Golden Age of Gas）が到来するという報告書を発表している[3]。エネルギー問題の研究家ダニエル・ヤーギンは、近著で天然ガスは「未来の燃料」（Fuel of Future）だとしている[4]。11年3月の福島第一原子力発電所の事故を契機に、日本に約50基存在する原子力発電所が運転を停止した。停

---

[1] 兼清賢介監修『石油・天然ガス開発のしくみ』（2013年、化学工業日報社）16頁。
[2] ダニエル・ヤーギン（Daniel Yergin）の著作『石油の世紀―支配者たちの興亡』（1991年、日本放送出版協会）の書名が象徴的である。なお、ダニエル・ヤーギンはケンブリッジ・エナジー・リサーチ・アソシエーツ会長。『石油の世紀―支配者たちの興亡』でピュリツァー賞を受賞している。
[3] 国際エネルギー機関（IEA）の *World Energy Outlook 2011*。同レポートについては以下参照。http://www.iea.org/media/weowebsite/2011/WEO2011_GoldenAgeofGasReport.pdf
[4] ダニエル・ヤーギン『探求―エネルギーの世紀』上巻（2012年、日本経済新聞出版社）424頁。

図表1　化石燃料の利用の進展

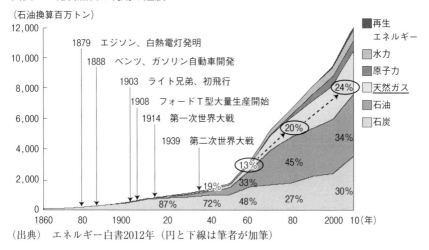

（出典）　エネルギー白書2012年（円と下線は筆者が加筆）

止した原子力発電所の電源の代替となったのは主に液化天然ガスである。増田達夫氏は「再生可能エネルギーへの大幅な移行にはまだかなりの時間がかかる。原子力発電は使用ずみ燃料処理等に課題がある。化石燃料は今後も主力であり、特に環境にやさしい天然ガスは優位にある」[5]とする。天然ガスの重要性が増している事例には枚挙に暇がない。

　天然ガスが石炭や石油に比べて優れている点の1つは燃焼時の排出物が少ない点である。三者間で燃焼時の排出物を比較すると、温暖化の原因といわれる二酸化炭素については、石炭100に対して、石油が80、天然ガスは60である。窒素酸化物については、石炭100に対して、石油が70、天然ガスは40である。硫黄酸化物については、石炭100に対して、石油が70、天然ガスはほぼゼロである[6]。また、天然ガスの埋蔵量は、シェールガスなどの非在来型のガスも含めると非常に多い点も天然ガスが注目される理由の1つである[7]。

5　講演「日本のエネルギーシステムと天然ガスの位置付け」（2013.7.8、於：パレスホテル東京、主催：日経ビジネス企画編集センター）。なお、増田達夫氏は現在名古屋商科大学大学院客員教授、元IEA石油市場・緊急時対策局長。
6　資源エネルギー庁「我が国の天然ガス及びその供給基盤の現状と課題」2012年。

液化天然ガスは、天然ガスを摂氏マイナス162度で冷やし液化したものである。液化した天然ガスは体積が600分の1に縮小する。天然ガスを液化する目的は輸送のためである。天然ガスを長距離で輸送する方法は主に2つある。気体のままガスパイプラインで輸送する方法と液化して専用船（LNG船）で輸送する方法である。

　経済性の観点からは、輸送距離が長距離になればなるほどガスパイプラインよりもLNG船による輸送が有利である[8]。液化天然ガスの商業化は1960年代に実現した。69年、日本は米国アラスカから液化天然ガスの輸入を開始し、今日に至るまで液化天然ガスの最大輸入国である。

図表2　天然ガスの貿易量推移

（出典）　エネルギー白書2012年（円は筆者が加筆）

7　前出国際エネルギー機関（IEA）の *World Energy Outlook 2011* によると、世界の天然ガスの総埋蔵量は現行の年間生産量で除して約250年分あるという。
8　天然ガスの輸送手段をガスパイプラインにするかLNG船にするかの境界線は、輸送距離3,000～5,000km程度だと一般に考えられている。

図表3　天然ガスの輸送方法

Trade flows worldwide（billion cubic metres）

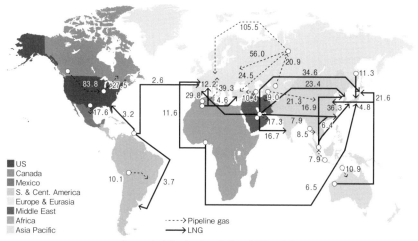

Source : Includes data from Cedigaz, CISStat, GIIGNL, IHS CERA, Poten, Waterborne.

（出典）　BP Statistical Review of World Energy（June 2013）

　貿易されている天然ガスのうち、約30％が液化天然ガスである（図表2参照）。天然ガス貿易に占める液化天然ガスの割合は逓増傾向にある。これは液化天然ガスの需要が主にアジアに集中していること、近年アジアの経済成長に伴いエネルギー需要が伸長していることに起因する。液化天然ガスの最大消費地域は日本を含むアジアである。アジアはエネルギー需要が伸長しているが、天然ガス生産地からは遠距離にありガスパイプラインを敷設して輸送するには経済性が成り立たない。そこで液化天然ガスのかたちで輸入する。図表3は⋯⋯→でガスパイプラインでの天然ガス貿易を示し、──→で液化天然ガスでの貿易を示す。液化天然ガスでの貿易を示す──→がアジアに集中しているようすがよく表れている。

第2項　米国シェールガス

　米国でシェールガスが話題になっている。シェールガスは硬い頁岩のなか

に存在する天然ガスのことを指す。従来から頁岩のなかに炭化水素（オイルおよびガス）が存在することはわかっていたが、経済的な方法で採掘することは非常に困難だと考えられていた。それが今世紀初頭から商業生産が実現した。頁岩から炭化水素を採取する方法を可能にしたのは2つの採掘技術上のイノベーションがあったからである。1つは水圧破砕（Hydraulic Fracturing）であり、もう1つは水平掘削（Horizontal Drilling）である。水圧破砕は、頁岩に化学品を含んだ水を高圧で噴射し頁岩を破砕するものである。これにより内部にある炭化水素を取り出す。また、水平掘削は地中内で水平方向に掘削をすることである。頁岩の層は地中内で水平方向に広がって存在しているので、水平掘削で頁岩層の存在するところに沿って掘削することができる。在来型の炭化水素は地中内の1カ所に集中的に存在するので、その場所に地上から垂直に掘削していけば事足りた。ところが、頁岩層は地中内で水平方向に広がっているので、従来の垂直掘削では効率的な採取ができない。水圧破砕と水平掘削の2つの技術的なイノベーションがシェールガスの経済的な採取を可能にしたのである。

さて、最近の米国におけるシェールガスの生産量の伸長をみておく。図表4は、米国におけるシェールガスの生産量の推移を示す。今世紀初頭から米国でシェールガスの商業生産は始まったが、2006～07年に生産量の増加速度が上がり、さらに2009～10年に急増してきた。

図表5は、シェールガスの生産量と天然ガス価格を対比させたものであるが、シェールガスの生産量が急増してきた時期に、天然ガス価格が下落したのがよくわかる。現在の米国の天然ガス価格は非常に低い水準にある。

米国における天然ガス価格の低下は米国産業界にさまざまな変化をもたらしている。たとえば、天然ガス価格が低いので天然ガスを燃料とした火力発電所が増え、排出物が多く環境に不芳な石炭火力発電所が減少し始めている（図表6参照）。また、原油からとれるナフサに代え天然ガスを原料としたエチレンプラントの新設計画も10件余が発表されている。天然ガスを原料とするエチレンプラントを計画するのは、シェブロン社、ロイヤル・ダッチ・

図表4　米国シェールガスの生産量推移

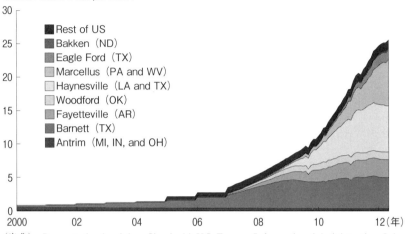

（出典）　Presentation by Adam Sieminski, U.S. Energy Information Administration, July 2012

図表5　米国シェールガス生産量と天然ガス価格

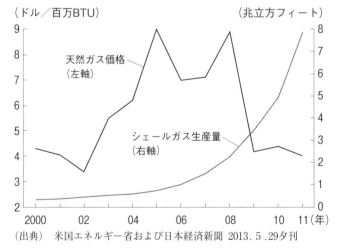

（出典）　米国エネルギー省および日本経済新聞 2013．5．29夕刊

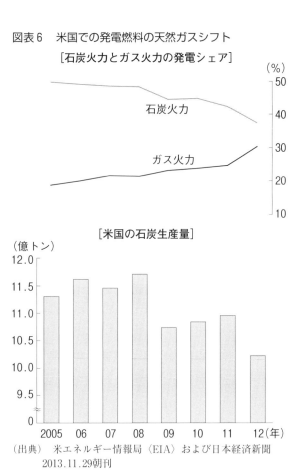

図表6　米国での発電燃料の天然ガスシフト
［石炭火力とガス火力の発電シェア］

［米国の石炭生産量］

（出典）　米エネルギー情報局〈EIA〉および日本経済新聞
　　　　 2013.11.29朝刊

シェル社、ダウ・ケミカル社、エクソンモービル社などである[9]。なお、天然ガスを原料としたエチレンプラントでは副産物としてブタンやベンゼンなどを産出しない。そのため、ブタンやベンゼンの生産量減少を見越して、これらの価格が上昇傾向にある。

　シェールガスの生産が伸長する前の2000年代初頭まで、米国には大量の液

9　日本経済新聞 2013.10.4朝刊。

化天然ガス輸入の計画があった[10]。たとえば、カタールは米国への液化天然ガス輸出を計画し、天然ガスの液化プラントの増設を行っている。ところが、シェールガスの増産で米国への輸出は不可能になり、カタールで生産された液化天然ガスは欧州やアジアなど米国以外の市場に輸出されることになった。2011年の福島第一原子力発電所事故以来日本の原子力発電所が操業を停止し、代わって火力発電所がフル操業しているが、日本が火力発電所の燃料として液化天然ガスの輸入を難なく急増させることができたのは、液化天然ガス市場の需給が比較的緩んでいたからである。液化天然ガス市場の需給が緩んでいた遠因は、米国におけるシェールガスの急増である。さらに、ロシアは現在日本やアジアに対して液化天然ガスの輸出の売込みに熱心である。これもカタール等の液化天然ガスが欧州を席巻し、ロシアの欧州向け天然ガス輸出が増加しなくなったからである。ロシア政府がこれまで同国国営ガス会社ガスプロムにしか許可していなかった液化天然ガスの輸出権限を、他のガス会社にも広く輸出を許可した[11]のは、ロシア全体で液化天然ガスの輸出（特に、日本を含むアジア向け輸出）を増加させる意図である。ロシアの液化天然ガスの輸出方針に影響を与えたのも、遠因は米国シェールガスの増産である。

　ロシアと日本の液化天然ガスをめぐる輸出入の交渉の進展次第では、懸案の北方領土問題にもなんらかの進展をみるのではないかと期待する向きもある[12]。もっとも、現在ウクライナ問題で欧米諸国がロシアに対し厳しい姿勢で臨んでいる。ウクライナ問題が収束するまでは、ロシアと日本の対話も進展が期待できない。

10　James Henderson：*The Potential Impact of North American LNG Exports*（2012.10 *The Oxford Institute for Energy Studies*）によると、2006年3月時点で米国に既設の液化天然ガス受入基地が5件、当局承認ずみが17件、承認申請中が25件あったという。
11　ロシアは液化天然ガスの輸出自由化法を2013年12月2日に成立させた（日本経済新聞 2013.12.3朝刊）。これより先、ロシアのプーチン大統領が液化天然ガスの輸出を自由化するよう指示したとの報道は2013年2月にある（日本経済新聞 2013.2.14夕刊）。
12　日本経済新聞 2013.8.21朝刊・社説「日ロの北方領土交渉に一段と弾みを」

国際政治学者のイアン・ブレマーは、米国のシェールガスおよびシェールオイルの生産増加で米国のエネルギー自給率が向上するので、「米国は中東への関心を失ってゆく」[13]と指摘している。米国のシェール層からの石油・ガスの増産は他国への広範な経済的な影響を及ぼすのはもちろん、政治的な側面にも影響を及ぼしつつあり、経済および政治両面でその影響の大きさには今後とも注視されるところである。

第3項　市場間の天然ガス価格差

　さて、米国のシェールガス開発が世界的な規模でさまざまな影響を与えつつある点をみてきた。次に、天然ガスの価格水準に注目してみる。興味深いことには、現在の世界の天然ガス市場は一物一価が成立していない。市場によって価格水準は大幅に異なるのである。この理由は天然ガスの輸送の制約にある。天然ガスの輸送は通常ガスパイプラインで気体のまま輸送するか、液化して専用船（LNG船）で海洋を運搬する以外にはない。前者のパイプラインによる方法でも、後者の液化天然ガスによる方法でも、天然ガスの生産者と需要者は密接に結びつく。パイプラインの敷設にも、液化天然ガスの設備にも、巨額の投資を要する。天然ガスの市場では限られた数の特定の参加者が、巨額の投資を背景に密接に結びつく必要がある。一物一価が成り立つ完全市場の要件を到底満たすものではない。

　現実にどれほどの価格差が現在存在するのか。天然ガスの代表的な市場である米国、欧州、日本を含むアジアの3つの市場についてみておく。

　図表7で明らかなとおり、日本の天然ガス価格（図表7のア―――）は2013年時点で約17～18米ドル（単位は、百万BTU[14]当り。以下省略）で最も高価

13　イアン・ブレマー「周到に準備された防空識別圏」『日経ビジネス』2013.12.16号。イアン・ブレマー（Ian Bremmer）は現在コンサルタント会社ユーラシアグループ社長。1969年生まれ、1994年スタンフォード大学博士。主著に『自由市場の終焉』（2011年、日本経済新聞出版社）、『「Gゼロ」後の世界』（2012年、日本経済新聞出版社）。

14　BTUはBritish Thermal Unitの略称。英国の熱量単位である。天然ガスの価格は通常百万BTU当りの米国ドルで表示する。

図表7　日本、欧州、米国の（液化）天然ガス価格

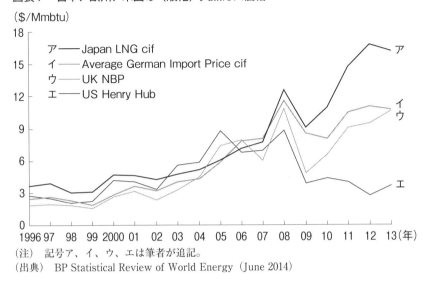

（注）　記号ア、イ、ウ、エは筆者が追記。
（出典）　BP Statistical Review of World Energy（June 2014）

で、これに欧州の天然ガス価格（図表7のイ―――がドイツ、ウ―――が英国）約10〜12米ドルが続く。米国の天然ガス価格（図表7のエ―――）が最も安価で、約3〜4米ドルである。日本（およびアジア）に輸入される天然ガスはすべて液化天然ガスで、輸入後再気化して利用する。さらに、日本（およびアジア）に輸入される天然ガス価格は、石油価格にリンクしている。石油価格が1バレル当り100米ドルのとき、天然ガス価格はおよそ16〜17米ドル前後になる[15]。日本（およびアジア）の天然ガス価格が世界で最も高価な理由は、この石油価格とのリンクのためである。欧州の天然ガス市場は自由化が進んでいる。英国が1990年代に先物市場を創設した。欧州大陸は欧州連合（EU）を中心に2000年代に入ってから天然ガス市場の自由化を進めている。英国は北海で生産される天然ガスがあり、欧州大陸は北アフリカおよびロシ

---

[15]　石油1バレルと天然ガス百万BTUとの価格の相関関係は、両者の熱量を同等にすると、理論値としては、石油1バレル100米ドルのとき、天然ガスは百万BTU当り16.7米ドルになる。もっとも、実際の液化天然ガス価格には諸種補正が加わる。

アからパイプラインで輸入される天然ガスがある。欧州の液化天然ガス価格も石油価格にリンクする。しかし、欧州全体の天然ガスは供給源が多様化しており、平均価格は日本ほど高くない[16]。

　図表7で留意すべき点は、ほかにもある。それは、2007〜08年は3市場の天然ガスの価格差は大きくはなかった点と、3市場の値動きはほぼ同調していた点である。ところが、09年以降米国の天然ガス価格がひとり下落していく。これは前項でみてきた米国シェールガスの増産が原因である。シェールガスの増産により、米国内の天然ガス供給量が増加し、価格が低下している。

　なお、米国のシェールガスの増産の影響については、すでに前項でも論じてきたが、米国の天然ガス産出量増加ならびに価格の低下を奇貨として、米国から日本への天然ガス輸出の動きが出てきた点は注目される。液化コストならびに米国から日本への輸送コストは、合わせて百万BTU当り6〜7米ドル程度と試算されている[17]。2013年時点での米国での天然ガス価格に、液化コストならびに輸送コストを加算しても10米ドル前後で日本に荷揚げできる計算になる。同年の日本の天然ガス輸入価格（17〜18米ドル）に比べ、4割程度安価になる計算である。米国から日本が天然ガスを輸入することになれば、価格差を享受できるほか、天然ガス輸入元の多様化が図れる。加えて、永年石油価格にリンクしてきた日本の天然ガス価格のあり方に一石を投じることにもなる。

16　欧州の天然ガス価格についての説明は、前出兼清『石油・天然ガス開発のしくみ』197〜198頁による。

17　Deutsche Bank Report：*The Outlook for Regional LNG Prices（30 October 2012)*

第 2 節　日本と液化天然ガス

第 1 項　日本の液化天然ガス輸入

　日本の液化天然ガス輸入についてみておく。日本は海洋に囲まれた島国なので、現在のところ他国と繋がるパイプラインは存在しない。天然ガスの輸入はすべて液化天然ガスのかたちをとる。液化天然ガスは、専用船（LNG船）によって海上輸送される。日本が初めて液化天然ガスを輸入したのは1969年のことである。輸入元は米国アラスカ州[18]。その数年前にアルジェリアから欧州に液化天然ガスの海上輸送が開始した。

　アジアで液化天然ガスの輸入を最初に開始したのは日本である。1986年に韓国が液化天然ガスの輸入を開始し、90年には台湾が追随した。2004年にインド、06年に中国がそれぞれ液化天然ガスの輸入を開始している[19]。

　図表8は、日本の液化天然ガスの輸入の推移を示す。初めての液化天然ガス輸入は米国アラスカからであったが、その後ブルネイ、インドネシア、マレーシア、豪州、カタール等輸入元を多様化させてきた。石油の輸入元のように中東に偏ることがない点が特長である。2013年の1年間で日本は約8,700万トンの液化天然ガスを輸入している[20]。1970年代以降、日本は世界で最大の液化天然ガス輸入国の地位を維持している。

　2011年の福島第一原子力発電所事故のため日本国中の原子力発電所が運転停止に追い込まれ、代替燃料として天然ガスの需要が急増している点も見逃せない。昨今の日本の貿易収支の悪化は燃料輸入の急増が大きな要因であ

18　日本政府（経済産業省）と米国アラスカ州政府（天然資源省）は2014年9月覚書を締結した。アラスカ州北部のNorth Slopeガス田のLNG事業について今後情報交換等協力していく趣旨である（日本経済新聞 2014．9．8朝刊、ロイター等）。半世紀を経て、アラスカ発日本向けLNG輸出の第二幕が始まる。
19　前出兼清『石油・天然ガス開発のしくみ』163頁。
20　総務省統計局の貿易統計による。

る。福島第一原子力発電所の事故が11年3月に発生すると、他の原子力発電所も運転を停止し、同年の輸入額は前年比約20％増加した。これにより、貿易収支は約30年ぶりに赤字になる。貿易収支の赤字幅は11年、12年、13年にそれぞれ約2.6兆円、約7兆円、約11.4兆円と拡大している。液化天然ガス（LNG）の輸入額もそれぞれ約4.8兆円、約6兆円、約7.1兆円と遽増している。詳しくは図表9を参照されたい。

日本は輸入した液化天然ガスを主に発電用の燃料と都市ガスに利用してい

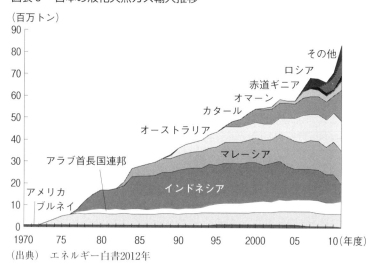

図表8　日本の液化天然ガス輸入推移

（出典）　エネルギー白書2012年

図表9　2010年以降の日本の貿易収支

(単位：兆円)

	2010年	2011年	2012年	2013年
輸出	67.4	65.5	63.7	69.8
輸入	60.8	68.1	70.7	81.2
（うちLNG）	(3.5)	(4.8)	(6.0)	(7.1)
貿易収支	6.6	-2.6	-7.0	-11.4

（出典）　総務省統計局の貿易統計より筆者作成

る。両者の割合はおよそ発電用燃料が7割、都市ガスが3割である。輸入した液化天然ガスは受入ターミナルで気化する。日本には液化天然ガス受入ターミナルが各地に30基以上存在する[21]。日本が擁する液化天然ガス受入ターミナルの受入容量を総計すると年1億9,000万トンに及ぶ[22]。これは日本が2013年に輸入した液化天然ガス量8,700万トンの2倍以上の容量である。

図表10　日本の液化天然ガス受入ターミナル

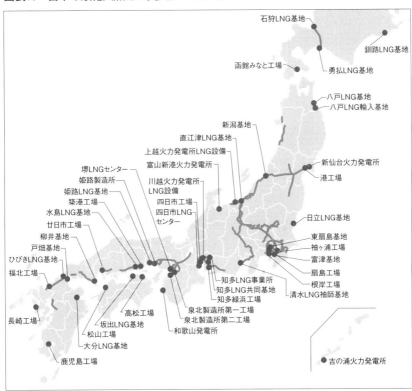

（出典）　経済産業省・資源エネルギー庁

21　Wood Mackenzie LNG Service-Japan（Nov2012）によれば、2012年末現在で日本には31基の液化天然ガス受入ターミナルが稼働中、加えて4基が建設中。
22　前出Wood Mackenzie LNG Service-Japan（Nov2012）による。

日本の液化天然ガス受入ターミナルの総容量がやや過大にあるのは、国内にガスパイプライン網が十分に整備されていないためである。加えて、液化天然ガス受入ターミナルは現状では相互利用がほとんど行われていない。図表10は●印で液化天然ガス受入ターミナルの所在を示し、――でガスパイプラインを示す。東京周辺と新潟[23]および関西圏にはある程度ガスパイプラインが敷設されているが、それ以外にはほとんど存在しない。ガスパイプライン網が整備されていないので、天然ガスを相互に融通することができない。必要な地域ごとにそれぞれ液化天然ガス受入ターミナルを建設し、液化天然ガスを輸入している。液化天然ガス受入ターミナルといういわば「点」が多く散在するが、それぞれはほとんど「線」となってつながることがない。そのために、それぞれの「点」が液化天然ガス受入容量を多めにもつことになり、総容量は大幅に需要を上回るに至っている。

第2項　日本の液化天然ガス価格

　日本の輸入する液化天然ガスの価格は、石油価格にリンクしている。これは液化天然ガスを輸入した当初は、日本は石油の代替として液化天然ガスをとらえていたからである。一方で、液化天然ガス事業主は液化天然ガス事業を開始するにあたって莫大な投資を要する。生産した液化天然ガスを長期にわたって購入すると約束してくれる顧客の存在は欠かせない。液化天然ガスの長期売買契約が存在するゆえんである。さらに、液化天然ガス事業主は投資を回収し収益を確保する観点から、液化天然ガスの将来の価格が予期できることが望ましい。この点から、石油価格にリンクさせた液化天然ガス価格の設定方法は、液化天然ガス事業主の視点からも歓迎されたはずである。

　今世紀に入って石油価格が高騰したことは液化天然ガス事業主にとっては予想外の幸運である。しかし、石油価格の高騰は液化天然ガス購入者にとって経済的な打撃が大きい。図表11は、19世紀以来の石油価格の推移を一表に

23　新潟ではわずかではあるが、天然ガスの生産が行われている。

図表11 石油価格の推移
[Crude oil prices 1861–2013]
US dollars per barrel
World events

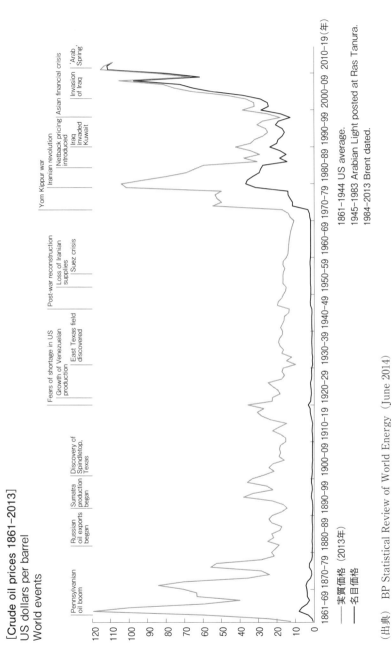

―― 実質油価 (2013年)
―― 名目価格

(出典) BP Statistical Review of World Energy (June 2014)

第2章 天然ガス市場と液化天然ガス事業 21

している。———が石油の名目価格を、———が石油の実質価格（2013年）を示す。1970年代の石油危機の際に石油の価格が急騰した点を除けば、今世紀に入るまで、石油の価格は比較的安定していた。それが21世紀に入ると、石油の価格は急騰を続け、2013年時点では1バレル約100米ドル前後が当たり前の水準になってきた。米国内の天然ガス価格も石油価格同様に高騰していたならば、液化天然ガス価格が石油価格にリンクしていることの是非に議論は噴出しなかったであろう。しかし、既述のとおり、米国で増産が続くシェールガスは米国内の天然ガス価格を非常に低い水準にとどめている（前出図表7参照）。日本企業が米国のシェールガスを液化して日本に輸入しようと企図するに十分な価格差が存在する。

さて、日本の液化天然ガス輸入価格が石油価格にリンクしている点に関連して、興味深い点がある。それは石油価格を横軸に、液化天然ガス価格を縦軸に表示したときに、両者の関係を示す線は一次関数のような線形にならない点である。どうして線形にならないかというと、石油価格が一定水準以上に高騰した場合もしくは一定水準以下に急落した場合に、液化天然ガス価格を算出する式を使い分ける仕組みがあるからである。通常、液化天然ガス価格を算出する式は3種類用意しておき、石油価格の水準が一定の範囲に収まっているときはA式を利用し、高騰したときにはB式を利用し、急落したときにはC式を利用するといった具合である[24]。なぜこのような3種類の計算式を利用することになったのか。それは石油価格が高騰したときには液化天然ガス購入者の立場を斟酌して液化天然ガス価格への反映度合を緩和し、他方石油価格が急落したときには液化天然ガス事業者の立場を斟酌して液化天然ガス価格への反映度合を上乗せするためである。つまり、石油価格の大幅な上下変動については双方痛み分けにしようという意図である。この3種類の計算式が存在するため、石油価格を横軸に、液化天然ガス価格を縦軸に

---

[24] A式、B式、C式という呼称は本書で説明のために便宜的に使用するもので、一般的な呼称ではない。

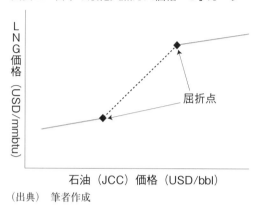

図表12　日本の液化天然ガス価格―S字カーブ

（出典）　筆者作成

表示すると、液化天然ガス価格の線は図表12のようになる[25]。この液化天然ガス価格の線は英語のアルファベットSの文字のような曲線にみえるので、「S字カーブ（S-Curve）」と呼ぶことがある。

　図表12の「S字カーブ」には、使用する計算式が変更する箇所がある。この計算式を変更する箇所を「屈折点」と呼ぶ。興味深いのは、この屈折点となる石油価格の水準は液化天然ガス売買契約によってそれぞれ異なることである。察するに、液化天然ガス購入者と液化天然ガス事業主との間で液化天然ガス売買契約を交渉していくと、将来の石油価格の見通しをめぐってさまざまな意見が双方から出てくるのであろう。そして最終的に両者が合意する屈折点の石油価格水準が必ずしも他の契約のものとは一致することにはならないのであろう。具体的にどの液化天然ガス売買契約がどの水準の屈折点をもっているのかは、守秘義務の壁に守られて通常は公開情報とはならない。コンサルタントWood Mackenzieの調査の一例を示すと、図表13のとおりである。

　図表13から、屈折点の石油価格水準は液化天然ガス売買契約によってさま

25　図表12では、A式に該当する天然ガス価格の水準を点線で、B式およびC式に該当する天然ガス価格の水準を実線で表示する。

図表13　日本の液化天然ガス価格―屈折点

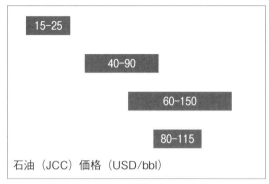

（出典）　Wood Mackenzie LNG Asset Analysisより筆者作成

ざまであることがみてとれる。いちばん上に示した下限15米ドル／上限25米ドルの屈折点の例は伝統的でオーソドックスな液化天然ガス売買契約のものである。それ以外の３つの例はいずれも近年の事例である。近年の事例は屈折点の下限も上限も石油価格の水準が高いところにある。これは昨今の石油価格の水準を反映したものであろう。昨今の石油価格の水準を反映してはいるが、下限と上限の屈折点となる石油価格水準はやはりそれぞれの液化天然ガス売買契約によってかなり幅がある。

第3節　液化天然ガス事業

　さて、次に液化天然ガス事業とはどういう事業かをみていく。液化天然ガス事業は①ガス田の開発・生産、②液化天然ガスプラントの建設・操業、③専用船（LNG船）による運搬、④液化天然ガス受入地での再ガス化の４種類の事業からなる。①のガス田開発・生産と、②液化天然ガスプラントの建設・操業は同一の事業主が一体で推進することが多い。本書で論じる液化天然ガス事業も、同一事業主が①と②の部分を一体で事業推進する場合を採り

上げており、この一体運営する液化天然ガス事業に対するプロジェクトファイナンスに焦点を当てている。通常液化天然ガス事業といえば、①と②の事業部分を指す。③専用船（LNG船）による運搬の事業と、④液化天然ガス受入地での再ガス化の事業は、事業推進者が異なることが多い。なお、③の専用船（LNG船）の建造・操業についても、プロジェクトファイナンスが利用されることは少なくない。④の液化天然ガス受入基地の建設・操業にも、時折プロジェクトファイナンスが利用されることがある。

　①と②の事業部分に当たる液化天然ガス事業であるが、この部分は最も投資額が大きくなり[26]、事業関係者の相互の協力なくしては成し遂げられない。構想から計画、開発、建設、操業開始までに10年余を要する液化天然ガス事業も珍しくない。業界関係者は液化天然ガスの英語LNGにかけてLong Negotiation Gameと揶揄する[27]。液化天然ガス事業を構成する4種類の各事業は相互に密接に関連し合っており、ガス田開発・生産から液化天然ガス受入基地までの一連の事業のつながりを液化天然ガスのサプライチェーンと呼ぶ。ガス田開発・生産と液化天然ガスプラントの建設・操業はガスの産出国で行われる。液化天然ガスの受入基地はガスの輸入国にある。ガス生産国から液化天然ガスを運搬するのが専用船（LNG船）である（図表14参照）。

　①ガス田開発・生産の部分と、②液化天然ガスプラントの建設・操業の部分についてはもう少し事業内容をみておく。

　まず、ガス田開発・生産であるが、これは液化天然ガス事業の4種類の事業のなかで最上流の事業である。近年では在来型のガス田は陸上にはほとんどなく、多くのガス田は海底ガス田である。世界最大の単一ガス田といわれるカタールのノースフィールドガス田も海底ガス田である。国際石油開発帝

26　国際石油開発帝石が推進する豪州イクシス液化天然ガス事業は、本文中でいうところの①と②の事業総額が340億米ドル（約3兆4,000億円）である。本事業の概要については、「第5章第2節　液化天然ガス事業向けプロジェクトファイナンスの実例」を参照。
27　前出兼清『石油・天然ガス開発のしくみ』170頁。

図表14　液化天然ガス事業のサプライチェーン

```
           ┌──── ガス産出国 ────┐        ┌── ガス（LNG）輸入国 ──┐
   ▶ ガス田開発 ▶ 液化天然ガス ▶ 輸送（LNG船） ▶ 再ガス化 ▶
                   プラント
```

（出典）　筆者作成

石が豪州で推進中の液化天然ガス事業のガス供給元（イクシスガス田）も海底ガス田である。海底ガス田で生産されたガスはパイプラインで陸上にある液化天然ガスプラントまで運搬される。在来型ではないガスを非在来型ガスと呼ぶが、非在来型ガスで注目されるのは石炭層ガスとシェールガスである。石炭層ガスを利用した液化天然ガス事業も推進されつつあり、現在豪州クイーンズランド州で米国石油大手コノコフィリップス社および豪州エネルギー会社オリジンエナジー社が共同で手掛けている[28]。米国のシェールガスを利用した液化天然ガス事業には日本企業が関与するもの[29]が出てきており、事業が進行中である。

　次に、液化天然ガスプラントであるが、液化天然ガスプラントは液化天然ガス事業の要である。液化天然ガスプラントは陸上に建設する[30]。液化天然ガスプラントの生産容量は1基当り当初年産100万トン程度であったが、1980年代に200万トン級に、90年代に300万トン級に大型化し、2000年代以降

28　オーストラリア・パシフィック液化天然ガス事業という。本事業の概要については、「第5章第2節　液化天然ガス事業向けプロジェクトファイナンスの実例」を参照。
29　米国でシェールガスを利用した液化天然ガス事業で日本企業が関与している事業は少なくとも現在3つある。大阪ガス、中部電力が関与するテキサス州のフリーポート案件、東京ガス、住友商事が関与するメリーランド州のコーブポイント案件、三菱商事、三井物産が関与するルイジアナ州のキャメロン案件である。
30　液化天然ガスプラントをガス生産する洋上施設に併設する計画がある。これを浮体式液化プラント（Floating LNG）と呼ぶ。浮体式液化プラントでは英蘭石油大手ロイヤル・ダッチ・シェル社が先行している。同社は2011年5月20日に西豪州沖合にあるプレリュードガス田で浮体式液化プラントの採用を決定したと発表している。http://www.shell.co.jp/en/aboutshell/media-centre/news-and-media-releases/archive/2011/groundbreaking-floating-lng-20052011.html

480万トン（サハリン2）や780万トン（カタールガス2）の例も出てきた[31]。液化天然ガスプラントは生産性を高めるために大型化してきた。天然ガスの液化技術[32]は欧米企業の開発によるが、液化天然ガスプラントの建設については日本のエンジニアリング会社[33]も非常に高い実績を誇る。

31　前出兼清『石油・天然ガス開発のしくみ』169頁。
32　天然ガスの液化技術については、仏テクニップ社、米国フィリップス社（現コノコフィリップス社）、米国エアープロダクツ社の特許が有名である。
33　日本のエンジニアリング会社では日揮と千代田化工建設が液化プラントの建設で名高い。他国のエンジニアリング会社では仏テクニップ社、米国ベクテル社などが有名である。

第 3 章

プロジェクトファイナンスの概観

第1節 定義、市場、沿革

第1項 プロジェクトファイナンスの定義

　まず、プロジェクトファイナンスの定義からみていく。プロジェクトファイナンスは、通常次のように定義される。

　「特定のプロジェクト・事業に対するファイナンス（融資）であって、その融資の返済原資が基本的にそのプロジェクト・事業から生み出されるキャッシュフロー・収益金に限定され、かつ融資銀行の取得する担保も原則としてそのプロジェクト・事業の保有する物的資産や関連契約書に限定されるファイナンス手法である。」[1]

　この定義のなかには少なくとも3つの要点がある。すなわち、

① プロジェクトファイナンスは特定のプロジェクトや事業に対する融資であること

② その返済原資はそのプロジェクト・事業から生み出されるキャッシュフロー・収益金に限定されること

③ 融資銀行の取得する担保は原則としてそのプロジェクト・事業の保有する物的資産や関連契約書に限定されること

　1点目は、融資対象が特定の事業やプロジェクトである点が重要である。企業向けの融資が企業のさまざまな設備資金や運転資金、場合によると赤字補填資金など多様な使途に充当されるのに対し、プロジェクトファイナンスは事業やプロジェクトを特定し、その事業やプロジェクトの遂行のために融

---

[1] 小原克馬『プロジェクト・ファイナンス』（1997年、金融財政事情研究会）2頁、加賀隆一編著『プロジェクトファイナンスの実務―プロジェクトの資金調達とリスク・コントロール』（2007年、金融財政事情研究会）5頁、拙著『実践プロジェクトファイナンス』（2011年、日経BP社）12頁。

資するものである。それゆえに、プロジェクトファイナンスの融資契約書においてはコベナンツのなかに他の事業に関与することを禁ずる規定を置く。また、プロジェクトファイナンスの対象となっている事業では推進母体として特定目的会社（Special Purpose Company, SPC）を設立するが、この事業の特定性に着目して、このSPCのことをSingle Purpose Companyと読み取ることがある。

　さて、融資先の事業やプロジェクトを特定するということは、融資を行うレンダーからみてどういうことであろうか。これはレンダーの融資債権のリスク管理上、寄与するところが大きいであろう。なぜなら、融資先の事業を特定しておけば、その事業に伴うさまざまなリスクを、そうではない場合に比べ、把握しやすいからである。融資金がどんな目的に使用されているのか、融資先がどんな事業に携わっているのか、携わっている事業の特性はどういうものなのか、こういう実態を常々把握することが融資債権のリスク管理上重要であることは論を俟たない。

　この1点目の要点については、「プロジェクトファイナンスは融資である」という点にも着目しておきたい。この点に着目する理由は、プロジェクトファイナンスにおいてレンダーは事業リスク（の一部）をとるからである。事業リスクをとる点に注目して、プロジェクトファイナンスは「出資」に近いと考える向きがある。プロジェクトファイナンスのレンダーが事業リスク（の一部）をとるのは事実であるが、その点をもって「出資」に近いと解するのは早計である。プロジェクトファイナンスは「融資」であって、「出資」ではない。プロジェクトファイナンスを供与するレンダーは、出資者の持つ株主としての諸権利を一切持つことはないし、また仮に株主としての諸権利の一部でも持つようなことがあったならば、債権者と出資者との間の利益相反を招く。融資先が破綻ないし清算をしたとすれば、プロジェクトファイナンスの債権者は常に出資者に優先して弁済を受ける権利を有する。つまり、プロジェクトファイナンスのレンダーは徹頭徹尾債権者であり、プロジェクトファイナンスは「融資」である。

また、「融資」と「出資」とを比べた場合に、「融資」はローリスク・ローリターン、「出資」はハイリスク・ハイリターンということだけにとどまらない。両者の比較で留意すべき点は、「融資」のリターンは原則固定しているという点である。どういうことかというと、「融資」は融資契約書を調印した時点でフィーやマージンが決まる。融資を行う者にとってのリターンとは、これらフィーやマージンだけである。後刻融資先の事業が予想外に好調であろうとも、これらのフィーやマージンが上がるわけではない[2]。「融資」のリターンが固定していると強調するゆえんである。一方、「出資」は事業が予想外に好調であれば、相応に配当金が増加し、その恩恵を得る。「融資」はローリスク・ローリターン、「出資」はハイリスク・ハイリターンというのは事実であるが、これに加えて「融資」のリターンは固定している（上がったり下がったりしない）という点は見過ごしてはならない重要な点である。なぜなら、「融資」において融資家（レンダー）が広範かつ仔細なリスク分析やデュー・ディリジェンスを行う眼目は、固定しているリターンに見合うだけのリスクをとっていく点にあるからである。レンダーがとるリスクは、固定しているリターンと釣り合っていなければならないからである。本書第4章では、液化天然ガス事業向けのプロジェクトファイナンスにおけるリスク分析と対応策を詳述するわけであるが、これはプロジェクトファイナンスが「融資」であるので、リスク分析と対応策の検討が最も重要だからである。

　2点目と3点目は、返済原資を当該事業やプロジェクトからの収益金に限定し、かつレンダーが取得する担保も当該事業の有する物的資産（すなわち、土地建物や重機、機器類。民法上の物権的権利である）や関連契約書（民法上の債権的権利である）に限定している。これらの点は、プロジェクトファイナンスが事業会社の株主（親会社、出資者）に対してノンリコースであるということを意味する。つまり、レンダーは自身が有する融資債権について

---

[2] 事業が予想外に好調であると、通常はリファイナンス（借換え）が起こる。その結果、フィーやマージンはむしろ引き下がる。

事業会社の株主（親会社、出資者）に対しては請求権をもたないということである。このノンリコースであるという点は、プロジェクトファイナンスの特徴の1つである。もっとも、プロジェクトファイナンスの特徴の1つがノンリコースであることは間違いないが、ノンリコースのローンがすべてプロジェクトファイナンスであるわけではない点に注意を要する。たとえば、米国の住宅ローン（モーゲージローン）はほとんどノンリコースであるが、住宅ローンはプロジェクトファイナンスではない。

なお、プロジェクトファイナンスを行う民間金融機関が2003年に設立したEquator Principles（赤道原則）では、プロジェクトファイナンスを次のように定義している。

"Project Finance is a method of financing in which the lender looks primarily to the revenues generated by a single Project, both as the source of repayment and as security for the exposure."[3]

この英文の定義でも、①プロジェクトファイナンスは、single Project（特定の事業）に対するFinancing（融資）である点、②返済原資は当該事業からの収益金に限定される点、③担保としては当該事業の資産に限定される点、の3つの要点が簡潔に記載されている。

第2項　プロジェクトファイナンスの市場

世界のプロジェクトファイナンス市場の規模は2,000億米ドル（約20兆円）から2,500億米ドル（約25兆円）で推移している。トムソン・ロイターの資料によれば、2008〜13年の6年間のうち、いわゆるリーマン・ショックの影響を受けた09年を除き毎年2,000億米ドル（約20兆円）以上の市場規模がある（図表15参照）。

さらに、図表15で注目できるのはプロジェクトファイナンス市場の地域別規模の変遷である。図表15は地域別に分けている。EMEA（Europe, Middle

---

[3] Equator Principles Ⅲ（June 2013）内にある定義。http://www.equator-principles.com/参照。

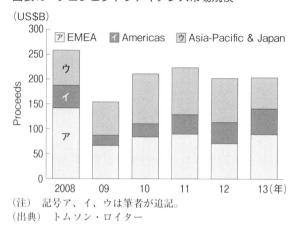

図表15 プロジェクトファイナンス市場規模

(注) 記号ア、イ、ウは筆者が追記。
(出典) トムソン・ロイター

East, Africa) がア、Americasがイ、Asia-Pacific & Japanがウである。ウのアジアに注目すると、2009～12年の市場シェアはおよそ3分の1を維持している。今世紀に入って、アジア市場の成長が著しい。13年の地域別割合をみると、3地域のバランスがよくとれている。今後シェールガスの成長が期待される北米でのプロジェクトファイナンスは相応伸長するものと予想される。

次に、世界のプロジェクトファイナンス市場の産業分野別内訳をみる。どういう産業分野にプロジェクトファイナンスが利用されているのか。トムソン・ロイターの資料によれば、2013年のプロジェクトファイナンスの産業分野別内訳は図表16のとおりである。

この資料から、プロジェクトファイナンスが頻繁に利用されている産業分野が3分野あることがわかる。電力（Power）分野（図表16 ア 部分）、運輸（Transportation）分野（図表16 イ 部分）、石油・ガス（Oil & Gas）分野（図表16 ウ 部分）の3つである。市場シェアはそれぞれ電力分野が34％、運輸分野が20％、石油・ガス分野が20％である。この主要3分野で市場の4分の3を占める。電力分野は、主に発電所の建設資金である。いわゆるIndependent Power Producer（IPP、独立電力事業者）向けのプロジェクトファ

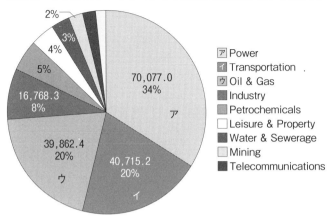

図表16　プロジェクトファイナンスの産業分野別内訳（2013年）

（注）　記号ア、イ、ウは筆者が追記。
（出典）　トムソン・ロイター

イナンスである。石油・ガス分野は主に液化天然ガス事業向けのプロジェクトファイナンスである。液化天然ガス事業は大型の設備投資を要するので、ファイナンス金額も大きくなる。2013年は北米でサビーンパス（Sabine Pass）LNG事業向けのプロジェクトファイナンスが調印されている。そのファイナンス金額は59億米ドル（約6,000億円）に及ぶ。運輸分野は船舶、鉄道、道路などであるが、船舶のなかではLNG船向けのプロジェクトファイナンスが近年増加してきた。LNG船は石油タンカーなどに比べると建設費がはるかに高く[4]、ファイナンス金額も大きくなる。

　2013年に調印を果たしたプロジェクトファイナンス案件のうち、ファイナンス金額の大きい上位10件を一覧にしたものが図表17である。

　この上位10件のうち、第1位と第3位に石油・ガス分野の案件があげられている。第1位は、先に言及した北米のサビーンパスLNG事業向けのプロジェクトファイナンスである。

　先に、2013年のプロジェクトファイナンス市場では電力分野への割合が

---

[4] LNG船の建造コストは同規模の石油タンカーの約3倍である。前出兼清『石油・天然ガス開発のしくみ』174〜175頁。

図表17　プロジェクトファイナンス案件規模上位10件（2013年）

Closing Date	Borrower	Package Amt US$m	Domicile Nation	Sector
5/28/2013	Sabine Pass Liquefaction LLC	5,900.0	United States	Oil & Gas
6/4/2013	Nghi Son Refinery	5,000.0	Vietnam	Petrochemicals
4/30/2013	Asia Gas Pipeline	4,700.0	Kazakhstan	Oil & Gas
5/22/2013	Tata Steel Odisha Ltd	4,096.9	India	Industry
4/10/2013	EMAL	4,000.0	UAE	Industry
6/16/2013	Sadara Chemical Co	3,959.6	Saudi Arabia	Industry
10/8/2013	AquaSure Finance Pty Ltd	3,513.5	Australia	Water & Sewerage
3/27/2013	Gebze-Orhangazi-Izmir Highway	2,800.0	Turkey	Transportation
1/29/2013	ONGC Petro-additions Ltd	2,785.9	India	Petrochemicals
6/27/2013	Thameslink Rail	2,462.8	United Kingdom	Transportation

（出典）　トムソン・ロイター

34％と最も高いと指摘した。しかし、上位10件の表には電力分野の案件が1件も登場しない。この理由は、電力分野向けの案件は案件数が最も多く総額では最大となるが、1件ごとの案件規模は比較的小さいからである。電力分野のプロジェクトファイナンス案件はファイナンス金額が10億米ドル（約1,000億円）に及ぶと大規模の部類に属するが、石油・ガス分野の液化天然ガス事業案件ではファイナンス金額が50億米ドル（約5,000億円）を上回るのが常で、10億米ドルを下回るような案件はまず見当たらない。つまり、電力分野では案件数が多いが、1件当りのファイナンス金額は巨額ではない。一方、石油・ガス分野は案件数は多くないが、1件当りのファイナンス金額は巨額にのぼる。

第3項　プロジェクトファイナンスの沿革[5]

(1) プロジェクトファイナンスの原型

　プロジェクトファイナンスは、いつ始まったのだろうか。これは興味深い点である。ジョン・フィナーティ[6]は、13世紀に英国王室がデボン銀鉱山開発のためにイタリアの商業銀行から借入れをしているが、これは銀の商業生産により返済するスキームだったのでプロジェクトファイナンスの原型ではないかと指摘している[7]。筆者は700年以上前の銀鉱山開発のための資金調達がプロジェクトファイナンスの原型だとするにはあまりにも資料不足のため躊躇する。時代は下るが、19世紀後半にはバクー（現在のアゼルバイジャンの首都）周辺で活発に石油開発が行われていた。これらの石油開発の資金調達に仏の銀行が石油を担保に融資を行っていたという[8]。しかし、どういう融資であったのか詳細は定かではない。

　プロジェクトファイナンスの原型は、1930年代から行われている米国のプロダクション・ペイメント（Production Payment）だという点で衆目は一致する[9]。プロダクション・ペイメントとは石油開発・生産会社（以下、石油会社）向けのファイナンスで、タンクに貯蔵した石油やまだ地中に存在する未採掘の石油を担保にする点に特徴がある。当時もそして現在も、米国には中小の石油会社が多数存在する[10]。こういう石油会社は、石油を開発・生産するための諸設備以外にはタンクに貯蔵している石油とまだ地中に存在する

---

[5] 本項は、拙著『実践プロジェクトファイナンス』の「第3章　プロジェクトファイナンス小史」を参考にしている。

[6] ジョン・フィナーティは米国ニューヨーク州のフォーダム大学（Fordham University）教授。

[7] ジョン・フィナーティ『プロジェクトファイナンス―ベンチャーのための金融工学』（2002年、朝倉書店）4頁。

[8] エティエンヌ・ダルモン／ジャン・カリエ『石油の歴史―ロックフェラーから湾岸戦争後の世界まで』（2006年、白水社）27頁。

[9] 横井士郎編『プロジェクト・ファイナンス』（1985年、有斐閣）34頁、前出小原『プロジェクト・ファイナンス』230頁、前出加賀『プロジェクトファイナンスの実務―プロジェクトの資金調達とリスク・コントロール』61頁。

未採掘の石油くらいしか経済的価値のある資産を有しない。29年に発生した大恐慌で石油価格が暴落すると、多くの石油会社が資金調達に窮するようになった。資金調達に窮する石油会社に対していかにして資金を供与できるかに苦心した当時の金融業界が、タンクに貯蔵している石油やまだ地中に存在する未採掘の石油を担保にしてファイナンスを徐々に再開した。これがプロダクション・ペイメントの始まりであり、もっぱら石油を担保にしたファイナンスであることからプロジェクトファイナンスの原型といわれるゆえんである。ちなみに、プロダクション・ペイメントの呼称の由来は、石油を生産（プロダクション）して、借入金を返済（ペイメント）する、というところから来ている。なお、プロダクション・ペイメントというファイナンス手法は現在でも米国で時折利用されている。この融資を行う銀行では行内に埋蔵量等を評価することのできる石油エンジニア（in-house petroleum engineer）を擁している。

　1970年代北海の石油開発でこのプロダクション・ペイメントの金融手法が再登場する。72年、英国ブリティッシュ・ペトロリアム社のフォーティーズ油田開発である[11]。当時同社は財務的には弱体であり、またアラスカの開発などを抱え、このフォーティーズ油田の開発資金調達に難航していた。そこで、「プロダクション・ペイメント」を応用して資金調達を目指す。このフォーティーズ油田開発プロジェクトには世界の銀行66行が参加し、日本からも2行が参加。72年に融資契約書の調印を果たし、融資総額は3億6,000万英ポンドに及んだ。フォーティーズ油田開発のファイナンスは、現代的なプロジェクトファイナンスの濫觴である[12]。

10　石油の開発・生産をする石油の上流部門のことを英語でE&P（Exploration and Production）という。日本の石油会社は原油を海外から輸入し、国内で精製して販売する業務を主たる業務としてきた。日本国内に石油を生産する機会がないので致し方がないが、それゆえ、日本ではE&P業は（新潟でのガス生産を除き）発展していない。
11　フォーティーズ油田開発についての記述は、前出横井『プロジェクト・ファイナンス』38〜43頁を参考にした。
12　前出小原『プロジェクト・ファイナンス』232頁、前出加賀『プロジェクトファイナンスの実務—プロジェクトの資金調達とリスク・コントロール』61頁。

以上、デボン銀鉱山、石油会社向けプロダクション・ペイメント、北海油田の事例をみてきたが、3つの事例に共通している点は、いずれも資源開発向けのファイナンスであったという点である。プロジェクトファイナンスは当初資源開発の資金調達手段として利用され始めたという点は注目していい。

(2)　ユーロトンネルで損失

　プロジェクトファイナンスは、ファイナンスの一手法である。大規模な社会資本の整備に利用されることもある。1980年代、英仏海峡を結ぶユーロトンネル向けのファイナンスにもプロジェクトファイナンスが利用された。しかし、後日大幅なコストオーバーラン（予算超過）と完工遅延を発生させ、銀行団は損失を余儀なくされた。プロジェクトファイナンス史上でも、まれにみる大失敗案件である。

　ユーロトンネルの当初の資金調達は約10億英ポンドの出資金と50億英ポンドのプロジェクトファイナンスでの銀行借入金でまかなわれた。50億英ポンドの融資契約書は1987年11月に調印。日本の銀行も含めて世界の金融機関220行が参加した。参加金融機関数220行というのはプロジェクトファイナンスのシンジケーションでは前代未聞の規模である。

　建設工事は1987年12月に英国側から始まった。プロジェクトファイナンスにおいて融資対象物件が完成するかどうかというのは、きわめて重要な問題である。その理由は、プロジェクトファイナンスでは融資対象物件が生み出すキャッシュフローが唯一の返済原資となるからである。完成しなければ、それは収入を生まず、ただの鉄くずになりかねない。ユーロトンネルではこの完工リスクが顕在化した。コストオーバーランと完工遅延の両方である。建設開始から2年ほど経過した時のことである。

　プロジェクトスポンサーは、追加資金の調達に奔走する。追加資金調達は、1990年暮に成功する。追加融資金額18億英ポンド。追加出資金額6億英ポンド弱。合わせて追加資金の金額は24億英ポンド。当初予算60億ポンドに対し24億英ポンドの追加資金であるから、約40％のコストオーバーランであ

る。ユーロトンネルは、この後さらに2回、つまり全部で3回の追加資金調達を行う。日本の銀行はこの90年の第1回目の追加資金要請には応じた。まだ、日本国内のバブル崩壊は本格化していなかった。しかし、以後ユーロトンネルは金融機関の業悪案件リストの常連となる。94年ユーロトンネルは晴れて完成する。6年半の歳月を要した。そして、同年第2回目の追加資金調達を行う。出資金8億英ポンド、借入金7億英ポンド、合計15億英ポンドである。99年に第3回目の追加資金調達を行う。資本市場からの増資のみで1億6,000万英ポンド。追加で融資をする銀行はもういない。日本の金融機関は、90年代にユーロトンネルの融資債権を市場で売却した。値段は、額面のおよそ半分だった。

　資金調達の全貌をまとめると、次のとおりである。
1987年（当初）：出資金／約10億英ポンド。借入金／50億英ポンド
1990年（第1回追加資金）：出資金／6億英ポンド弱。借入金／18億英ポンド
1994年（第2回追加資金）：出資金／8億英ポンド。借入金／7億英ポンド
1999年（第3回追加資金）：出資金／1億6,000万英ポンド

　単純合計で出資金／25億6,000万英ポンド、借入金／75億英ポンド。つまり、60億英ポンドの予算であったものが、100億英ポンド以上を費やしたことになる。

　ユーロトンネル案件は、道路、鉄道、トンネル、橋梁、港湾などの運輸部門のインフラ案件[13]向けのプロジェクトファイナンスが容易ではないということを示唆している。運輸部門のインフラ案件をめぐるプロジェクトファイナンスのむずかしさは、①完工リスク（完工遅延とコストオーバーランが発生しやすい）と、②事業の経済性（が高くない）にある。運輸部門のインフラ案件で完工リスクが高いのは、土木工事の占める割合が大きいからである。土木工事の占める割合が大きいと、完工遅延とコストオーバーランは発生し

13　道路、鉄道、トンネル、橋梁、港湾などのインフラ案件はいわば運輸部門のインフラ案件である。この後、米国パーパ法との関連で論じる発電所案件も広義ではインフラ案件であるが、ここでいう運輸部門のインフラ案件とは区別する。

やすい。土木工事は自然を相手にするので予想外のことが起こる。整地された敷地の上に設計どおりのプラントを建設するのとはわけが違う。また、運輸部門のインフラ案件は事業の経済性が高くない点であるが、これは表現を変えると外部経済性が高いといえる。どういうことかというと、たとえば鉄道を敷設すると、敷設した路線周辺に大きな経済効果をもたらす。鉄道事業単体の経済性はさほど高くないかもしれないが、路線周辺に与える経済効果は大きい。路線周辺に与える経済効果が鉄道事業の外部経済性（あるいは外部経済効果）である。運輸部門のインフラ案件はこういう外部経済性を有するという特徴がある。日本の民間鉄道会社の事業モデルをみるとこのことがわかりやすい。日本の民間鉄道会社は鉄道事業以外に、たとえば路線周辺の不動産開発に必ず進出している。これは鉄道事業の外部経済性（あるいは外部経済効果）を取り込んでいるとみることができる。つまり、運輸部門のインフラ案件は外部経済性をもつので、その成否は事業単体でうんぬんするのは困難なことが多い。外部経済性を取り込んでいかなければ、成否は覚束ないという特徴があるといえる。

　ユーロトンネル案件に戻る。資源開発向けファイナンスから始まったプロジェクトファイナンスはユーロトンネルのような運輸部門のインフラ案件にまで及んできたが、残念ながらユーロトンネル案件は後世に多くの教訓を残した。運輸部門のインフラ案件のむずかしさが判明した。

(3)　米国パーパ（PURPA）法で発電案件へ応用

　ユーロトンネルが資金を集めていた頃、つまり1980年代には北米で新しい潮流が芽生えつつあった。コジェネレーション案件（電力・熱併給の発電所の建設・操業の案件、以下「コジェネ案件」）へのプロジェクトファイナンスの応用である。この潮流は、後に発展途上国での発電所案件に発展していく。米国で80年代中頃〜90年代中頃の約10年間、コジェネ案件向けのプロジェクトファイナンスは非常に活発だった。発電所案件向けのプロジェクトファイナンスのファイナンスモデルがこの時期にできあがったといっていい。

　それではなぜ、この時期に北米でコジェネ案件が出てきたのか。そして、

プロジェクトファイナンスが資金調達手段として利用されたのか。これは1978年成立のパーパ（PURPA）法[14]にさかのぼる。同法はカーター大統領の時代に成立した。第1次石油危機が発生し、米国でも省エネに関心が向かった。パーパ法は省エネの促進を企図した法制である。

　火力発電の仕組みというのは、通常石炭、重油、天然ガスなどの化石燃料を燃やし、まず蒸気（スチーム）をつくる。その蒸気でタービンを回し発電する。化石燃料を燃やしたときに発生する一次エネルギー量のうち最終的に電力になる部分は実は多くはない。30〜40％だといわれる。蒸気の部分（排熱）は従来特に再利用していなかった。この排熱の部分を再利用するよう法制化したのがパーパ法である。これにより、熱エネルギー変換効率の向上を目指した。パーパ法は、コジェネレーション事業主が発電する電力について既存の電力会社が長期にわたり購入するよう義務づけた。これにより、コジェネレーション事業に興味をもつ新規事業主や他業界からの参入を促した。コジェネレーションの建設を促進し、国全体の熱エネルギー変換効率の向上を期した。パーパ法は、この結果、長期間（20〜25年）にわたる「買電契約」（Power Purchase Agreement）を米国市場に出現させることになる。

　既存の電力会社がコジェネレーション事業主から電力を購入するときの電力価格は、いわゆるアボイデッド・コスト（Avoided Cost）である。このアボイデッド・コストの水準は、当該電力会社が自ら追加的に発電を行った際に要する限界的な費用を意味する。アボイデッド・コストの水準は買電契約締結時に決定する。電力会社は後日経営努力により発電コストを低下させたとしても、合意ずみのアボイデッド・コストの見直しは行わない。コジェネレーション事業主の利益を守るためである。電力会社は電力需要者に電力コストを転嫁するので、最終的には電力需要者がアボイデッド・コストを負担する。

　コジェネレーション事業主は、ここで資金調達の手段としてプロジェクト

14　パーパ（PURPA）法は、Public Utility Regulatory Policy Actの略称である。

ファイナンスを考えた。長期燃料供給契約、長期スチーム購入契約、長期買電契約などの主要契約がそろえば、コジェネレーション事業の事業収入は安定する。そうであれば、金融機関はノンリコースのプロジェクトファイナンスで資金を供与できる。かくして、北米で1980年代中頃からパーパ法に基づくコジェネ案件向けのプロジェクトファイナンスが陸続と出現し始めた。米国の銀行はもちろん、欧州の銀行も絶好の機会とみて積極的に資金を供与した。日本の銀行も80年代後半から参入する。

　米国のパーパ法がプロジェクトファイナンスにおいて果たした役割について、以下簡単にまとめておきたい。要点は3点ある。
① 電力会社と独立系電力事業会社の間に長期の買電契約書の雛形を完成させたこと
② 長期の買電契約書に基づき発電所案件向けプロジェクトファイナンスが成立することを実証したこと
③ 米国のコジェネ案件向けプロジェクトファイナンスが後刻新興国の発電所案件向けプロジェクトファイナンスのモデルとなったこと

　上記のまとめを敷衍する。パーパ法は電力会社と独立系電力事業会社との間に長期買電契約をつくりあげた。長期買電契約のなかでは、電力価格を構成する Capacity Charge と Energy Charge の概念が重要である。Capacity Charge は、資本コストの回収を求める部分である。実際に電力を供給してもしなくても、電力供給できる状態にあるだけで合意ずみの Capacity Charge を受領できる。資本コストのなかには借入金の返済や出資金の配当金が含まれる。他方、Energy Charge は主に変動費用の回収を求める部分である。このなかでは燃料費の占める割合が大きい。燃料費（たとえば天然ガスの調達費）は、すべて電力会社に転嫁できる仕組みである。

　こういった長期買電契約の成立により、独立系電力事業会社の事業収入を長期にわたり見通すことができる。事業収入を長期にわたり見通すことができることが、プロジェクトファイナンスの組成を可能にした。つまり、パーパ法

によって発電所向けプロジェクトファイナンスが可能なことが実証された。

　この成果は、他国特に新興国で独立電力事業者が発電所案件を推進する際に役立った。1990年代に欧州やアジアで民間主導の発電所案件が出てくるが、このような市場で特に米国勢のスポンサーが活躍する。資金調達の手法はことごとくプロジェクトファイナンスの手法である。他国の発電所案件で米国系企業が活躍したのは偶然ではない。パーパ法を背景とし米国国内で民間主導の発電所案件のノウハウを積み重ねてきたからである。

　なお、余談ながら、Capacity Chargeの考え方はPFI（Private Finance Initiative）やPPP（Private Public Partnership）におけるAvailability Paymentの考え方に応用されている点を指摘しておきたい[15]。Capacity Chargeは先に説明したとおり、「電力供給できる状態」にさえあれば、実際に電力を供給したかどうかにかかわらず電力購入者から一定の支払を受けられるものである。そして、その水準は資本コスト額つまり借入金の返済や出資金の配当金をカバーするものである。PFI/PPPにおけるAvailability Paymentは、この考え方をそのまま踏襲している。つまり、「設備等が利用可能な状態」にありさえすれば、実際に同設備等がどれほど利用されたかどうかにかかわらず一定の支払を受けられるものである。そして、その水準も資本コスト額つまり借入金の返済や出資金の配当金をカバーするものである。

(4)　カタール液化天然ガス

　1990年代に日本企業が主導したプロジェクトファイナンス案件として、カタール液化天然ガス案件に言及しないわけにいかない。本書にも関連する液化天然ガス事業向けプロジェクトファイナンスである。この案件は、液化天然ガス向けプロジェクトファイナンスのなかでも日本企業が深く関与したプロジェクトファイナンスとして非常に意義のある案件である。案件の意義としては次のような点があげられる。

・日本の電力会社（中部電力）が熱心に推進したこと

15　Capacity ChargeとAvailability Paymentの件は、本章「第3節第1項　プロジェクトファイナンスの類型　(1)「電力型」と「資源型」」でも言及する。

- 日本の商社（丸紅・三井物産）が事業に出資したこと
- 日本のエンジニアリング会社（千代田化工建設）がプラントを建設し日本の船会社（商船三井、日本郵船、川崎汽船）がLNG船で液化天然ガスの運搬を担ったこと
- カタールにとって同国初の液化天然ガス案件であったこと
- 日本の銀行にとって初の中東ペルシャ湾沿岸国での大型プロジェクトファイナンス案件であったこと

　カタールはペルシャ湾の中央南側に突出した半島の小国である。首都はドーハ。人口は約80万人。国土面積は日本の四国の6割程度。1940年には石油が発見され戦後石油の輸出で潤った。71年英国から独立。単一のガス田として世界最大級のノースフィールドガス田は、71年ロイヤル・ダッチ・シェル社によって発見された。しばらく商業生産は行われなかった。80年代後半カタールの国営石油会社は英国ブリティッシュ・ペトロリアム社や仏トタール社とともに豊富な天然ガスを液化し輸出する事業を計画する。

　一方、中部電力は1980年代後半カナダで進行していた液化天然ガス輸入事業が頓挫する。原子力発電に代わる電源として液化天然ガスを燃料とした火力発電所の推進以外に途はない。89年、ニューヨークにエクソン（現エクソンモービル）社を訪ねる。ナツナ海、アラスカ、サハリンなどで同社が計画する液化天然ガス案件の相談である。結果は思わしくない。同年後半中部電力は初めてカタール国営石油会社と接触を図る。翌年にはカタール国営石油会社からプロポーザルがあり、90年10月、両社は名古屋でレター・オブ・インタレストを調印する。そして、92年5月、ドーハで液化天然ガス売買契約書の調印式にまで至る。中部電力は液化天然ガス年間400万トンの購入を約した。別途年間200万トンについても日本企業7社の購入が決まる。もっとも、91年には湾岸戦争が勃発、92年初めにはブリティッシュ・ペトロリアム社が案件から撤退する（後に米国モービル社が参加）など、92年5月までの道のりは困難を極めた[16]。

　液化天然ガス案件は信用力のある長期購入者が決まれば事業推進ができ

る。92年5月の液化天然ガス売買契約締結は、カタールにとって液化天然ガス時代の幕開けである。94年液化天然ガスプラント設備の建設資金として約20億米ドルのプロジェクトファイナンスの融資契約書が調印された。同年建設着工。97年1月、液化天然ガスを載せたLNG船がカタールから初めて日本に出港した。カタールはこれを契機に液化天然ガス開発事業に邁進する。液化天然ガス輸出を開始した97年からの10年間で同国の名目国内総生産（GDP）は5倍ないし6倍に伸長している。現在カタールは年産7,700万トンの液化天然ガス生産能力を有し、世界の液化天然ガスの3割以上を生産する世界最大の液化天然ガス生産国である[17]。

　以上、プロジェクトファイナンスの沿革を簡潔にみてきた。この沿革から読み取れる要点は、次のとおりである。
① 　プロジェクトファイナンスは資源開発案件が濫觴である
② 　プロジェクトファイナンスの他分野への利用は、1980年代にユーロトンネル案件で運輸部門のインフラ案件に試行されたが、完工遅延やコストオーバーランを発生させ、運輸部門のインフラ案件向けは難易度が高いことが教訓として残った
③ 　一方、発電所案件向けプロジェクトファイナンスは1980年代後半以降米国のパーパ法を機に順調に発展した。米国で培われたノウハウは後刻新興国等での発電所案件に応用された。そして、PFI/PPPにおけるAvailability Paymentの考え方は発電所案件で利用されているCapacity Chargeの考え方を応用したものである
④ 　液化天然ガス事業向けプロジェクトファイナンスは、1990年代カタールで日本勢が主導的役割を果たして成功を収めた

16　中部電力の交渉経緯は同社で当時LNG事業に従事された担当者から直接お話を承った。
17　現在、豪州で液化天然ガス事業が積極的に推進されている。2017〜18年には豪州で生産される液化天然ガスは年産8,000万トンを超える見込みであり、世界最大の液化天然ガス生産国はカタールから豪州に移る。丸山裕章/Lainie Kelly「豪州の石油ガス上流産業の現状と今後について」（『石油・天然ガスレビュー』2012年9月号）。

第2節　特徴、比較、利用理由

第1項　プロジェクトファイナンスの特徴

プロジェクトファイナンスの特徴は、次のような点にみられる。
(1)　ノンリコース／リミテッドリコース
(2)　借主は特別目的会社（SPC）で親会社の倒産から隔離
(3)　キャッシュフロー・レンディング
(4)　コントラクチャル・ストラクチャー（Contractual Structure）
(5)　新興国で強さを発揮する
(6)　借主と貸主の間の「情報の非対称性」が少ない

以下、それぞれ順を追って説明をする。

(1)　ノンリコース／リミテッドリコース

　プロジェクトファイナンスは親会社（借主SPCの出資者）に対してノンリコースあるいはリミテッドリコースである。親会社に対して完全にリコースしない場合をノンリコースといい、部分的にリコースする場合あるいは部分的にノンリコースである場合をリミテッドリコースという。ところで、「リコース（recourse）」という用語は金融業界の外で人口に膾炙していない。金融界の初任者にもわかりにくい用語である。筆者は、「リコース（recourse）」を「（債権の）請求権がある」と解するとよいと初任者にアドバイスしている。つまり、ノンリコースはレンダーが親会社に対して請求権がない、リミテッドリコースは親会社に対して部分的に請求権がある、という具合である。

　リミテッドリコースの例としては、プロジェクトの操業中キャッシュフローが不足をきたした際に一定の金額の範囲で親会社が当該プロジェクトに対し資金を追加供与するよう約束されている場合があげられる[18]。この場合

の親会社の資金供与の金額に上限が設定されている点が妙である。上限金額が設定されていなければ、完全なリコースローンと化してしまう。上限金額を設定することによって、親会社の追加資金供与の義務は限定されるので、ここでいうリミテッドリコースの状態となる。なお、この場合の親会社の追加資金供与の形態であるが、これは出資か劣後ローン（subordinated loan）のかたちをとるのが普通である。プロジェクトを推進する借主SPCに対しては、すでにプロジェクトファイナンスを供与しているレンダー（シニア・レンダー）が存在するので、このレンダー（シニア・レンダーとして）の債権の地位を守るためである。

プロジェクトファイナンス案件の多くは、融資対象物件の完工をもってリコースローンからノンリコースローンとなる。つまり、完工まではリコースであって、ノンリコースではない。完工までどうしてノンリコースにならないのか。この理由はレンダーがいわゆる完工のリスクをとらないからである[19]。融資対象物件が完工するまでは、親会社からの債務保証を徴し、完工までのさまざまなリスクを親会社に負担してもらうのがプロジェクトファイナンスにおける常道である。なお、レンダーは完工リスクをとらない、という原則にはもちろん例外がある。火力発電所案件においては着工時から親会社の債務保証を徴しないのが普通になっており、したがってこの場合レンダーは完工リスクをとっている。火力発電所案件はコストオーバーランや完工遅延などの発生リスクが小さいことが経験的に実証されているからである。

(2) **借主は特別目的会社（SPC）で親会社の倒産から隔離**

借主は、特別目的会社つまりSpecial Purpose Company（SPC）である。これは特定の事業もしくはプロジェクトを遂行するためである。プロジェクトファイナンスの定義のところで、「プロジェクトファイナンスは特定の事業やプロジェクトに対する融資」であるとした。プロジェクトファイナンス

---

18 これを通常Cash Deficiency Supportと呼ぶ。
19 「第4章第2節　完工リスク」を参照。

を特定の事業やプロジェクトに対する融資とするための具体的な手法の1つが特定目的会社の設立であり、この特定目的会社を当該融資の借主とすることである。同じ目的で、プロジェクトファイナンスの融資契約書には必ず他の事業を営むことを禁止するコベナンツが挿入される。表現方法を変えれば、事業の推進母体となる法人体を新規に設立して、これを借主とした融資契約書を締結し、その融資契約書のなかで単独の事業内容を規定し他の事業の遂行を禁じることによって、借主である法人体は単一事業を目的とした特別目的会社になる。

さらに、借主となる特別目的会社は親会社の倒産等経営破綻が発生した場合にも単独で存続できるような仕組みづくりをする。その具体例は、借主の株式（株式会社の場合）をプロジェクトファイナンスのレンダー（債権者）に担保として供することである。借主の株式をプロジェクトファイナンスのレンダーにあらかじめ担保として供することにより、万が一の際借主の経営権をレンダーの管理下に置けるようにしておく。こういう処置を通常親会社からの倒産隔離という。

さて、プロジェクトファイナンスにおいて借主を特別目的会社とするのはなぜなのか。また、親会社から倒産隔離をするのはなぜなのか。両者の問いに対する回答に通底する点は、借主の遂行する事業を守るためであり、借主の事業を守ることがひいてはプロジェクトファイナンス・レンダーが負担するリスクの範囲を限定し、プロジェクトファイナンス・レンダーの利益を守ることになるからである。

借主を特別目的会社とすることによって、借主をもって単一の事業に専念させる。借主が万が一他の事業を手掛けるようなことがあるとすると、その手掛けた他の事業で失敗しないとも限らず、主たる事業が仮に順調であっても借主の財務内容を悪化させかねない。ノンリコースローンを提供するプロジェクトファイナンス・レンダーからみると、複数の事業を手掛ける借主のリスク内容は複雑になる。プロジェクトファイナンス・レンダーの信用リスク管理の観点からは、借主の事業は単一であるほうが望ましい。また、親会

社の倒産等経営破綻によって借主の事業運営に影響が及ぶようなことがあるとすると、プロジェクトファイナンス・レンダーは親会社の経営破綻のリスクもとることになってしまう。プロジェクトファイナンス・レンダーは借主の事業リスクをとるのであって、親会社のリスクをとるのではない。つまり、借主を特別目的会社にするのも親会社から倒産隔離にするのも、借主の遂行する事業を守り、そしてプロジェクトファイナンス・レンダーが負担するリスクの範囲を限定し、最終的にはプロジェクトファイナンス・レンダーの利益を守るためである。

なお、借入金をノンリコースローンにするためには、親会社自身が借入金を負担する借主となるわけにはいかない。借主が親会社とは異なる別法人（特別目的会社）となることは、ノンリコースローンを成り立たせる要件でもある。

(3) キャッシュフロー・レンディング

プロジェクトファイナンス・レンダーは、事業が創出するキャッシュフローをもとに融資の可否や返済の確実性を検証する。企業向けの融資が財務諸表等をもとに融資の可否や返済の確実性を検証するのとは異なる。企業向けの融資の分析においてキャッシュフローの分析を一切行わないというわけではないであろうが、プロジェクトファイナンスがもっぱらキャッシュフローを主たる分析の対象としている点とはやはり趣を異にする。先にみたとおり、プロジェクトファイナンスにおいて借主は特別目的会社である。この特別目的会社は事業推進にあたり新設したばかりの法人である。したがって、プロジェクトファイナンスにおける借主の財務諸表はほとんど白紙に近い。初年度の決算を迎えていないものがほとんどである。企業向け融資におけるように借主の財務諸表を分析しても、プロジェクトファイナンスにおいてはあまり意味をもたない。

このように、プロジェクトファイナンスではキャッシュフローを中心に分析を進めていくので、プロジェクトファイナンスはキャッシュフロー・レンディングである、という言い方をする。プロジェクトファイナンスがキャッ

シュフロー・レンディングである点は、プロジェクトファイナンスの特徴の1つである。

　なお、キャッシュフロー・レンディングはプロジェクトファイナンスだけではない。航空機ファイナンスや船舶ファイナンスもキャッシュフロー・レンディングである。プロジェクトファイナンスは個別の事業に対する融資であるが、航空機ファイナンスや船舶ファイナンスは個別の資産に対する融資である。個別の事業や個別の資産に対する融資はキャッシュフロー・レンディングになるといっていい。

(4)　コントラクチャル・ストラクチャー（Contractual Structure）

　プロジェクトファイナンスには、コントラクチャル・ストラクチャーが存在する。コントラクチャル・ストラクチャーが存在することは、プロジェクトファイナンスの特徴である。さらに、プロジェクトファイナンス以外のファイナンスにコントラクチャル・ストラクチャーが存在するのはまれなので、コントラクチャル・ストラクチャーの存在はプロジェクトファイナンス固有の特徴であろうと考えられる。

　ここでいうコントラクチャル・ストラクチャーとは、事業を支える商業契約書群が存在することである。たとえば、発電所案件においては、発電所を建設するための建設契約書、燃料を供給してもらうための燃料供給契約書、発電した電力を買ってもらうための買電契約書、操業を委託する操業契約書などが存在する。液化天然ガス事業においては、液化天然ガスプラントを建設するための建設契約書、天然ガスを採掘するための採掘委託契約書、液化天然ガスを販売するための液化天然ガス販売契約書などが存在する。ここに例としてあげた商業契約書群は、もちろん事業を遂行するために欠かせない契約書群である。事業を遂行するために欠かせない商業契約書群ではあるが、同時にプロジェクトファイナンスを成立させるためにも欠かせない商業契約書群でもある。

　プロジェクトファイナンスではレンダーは、事業リスク（の一部）をとる。事業リスクをとるので、融資の審査段階でこれらの商業契約書の内容を

逐一確認する。万が一商業契約書のなかの一部に望ましくない規定等が発見されれば、レンダーは借主に修正を要請することも珍しいことではない。借主が締結する商業契約書の内容にまでレンダーが踏み込んでいくというのは、プロジェクトファイナンス以外のファイナンスではあまりみられない現象であろう。しかも、レンダーが踏み込む商業契約書は借主の締結する商業契約書のすべてに及ぶ。まるで、プロジェクトファイナンスのレンダーは事業主のごとく商業契約書の内容を精査する。これは、プロジェクトファイナンスが親会社の債務保証を徴することなく特定の事業に融資を行うので、当然といえば当然のことである。プロジェクトファイナンスの背後にコントラクチャル・ストラクチャーが存在するのは、プロジェクトファイナンスが特定の事業にノンリコースで融資を行うことの当然の帰結である、ということができる。

(5) 新興国で強さを発揮する

　プロジェクトファイナンスは、時に新興国で大型の融資を成立させる。たとえば、2009年12月に、パプアニューギニアで米国エクソンモービル社が推進する液化天然ガス事業向けのプロジェクトファイナンスが融資契約書を調印した。融資契約額は140億米ドル（約1兆4,000億円）である。09年のパプアニューギニアの国内総生産額（GDP）は78億米ドルである[20]。同国の国内総生産額をはるかに上回る融資金額を一事業が調達したことになる。パプアニューギニアの政府でさえ調達しえないような多額の借入金である。このパプアニューギニアの事例は、けして特殊な事例ではない。新興国でプロジェクトファイナンスの手法で大型の融資を成立させている事例は、ほかにも多く存在する。つまり、プロジェクトファイナンスが新興国において大型の資金調達を可能ならしめているという点は、プロジェクトファイナンスの特徴として特筆しておきたい。これは実務面において非常に重要な事実である。

　世界銀行の一部門に、国際金融公社（International Finance Corporation）[21]

20　World Bank / World Databank.　http://www.worldbank.org/en/country/png

がある。また、フィリピンのマニラに本部を置くアジア開発銀行（Asian Development Bank）[22]がある。これらの国際金融機関は多数の国々が出資して共同設立されているが、いずれも新興国の開発・成長の支援を金融面で行っている。国際金融公社もアジア開発銀行も、新興国向けの金融支援を行うにあたってプロジェクトファイナンスの手法を大いに活用している。これらの国際金融機関が新興国向け金融支援でプロジェクトファイナンスの手法を活用している事実は、プロジェクトファイナンスが新興国で強さを発揮する証左でもある。

(6) 借主と貸主の間の「情報の非対称性」が少ない

借主と貸主との間には通常「情報の非対称性」がある。情報の非対称性とは、市場において取引主体Aと取引主体Bとがそれぞれもつ情報に格差があるということを指す。情報の非対称性が存在すると市場の効率を阻害し、取引が望ましい状態で成立しない。米国の経済学者ジョージ・アカロフは1970年の論文で中古車市場において売主と買主との間にこの情報の非対称性が存在することを指摘した[23]。中古車の売買において、当該中古車の性能や状態について買主は売主ほど情報をもたない。売主が知るさまざまな情報を売主が正直に買主に伝達する保証もない。買主の側も、売主が自分に都合の悪い情報を隠しているのではないかと疑心暗鬼になっても不思議ではない。売主と買主との間にこのような情報の非対称性が存在すると、中古車の価格は適正な価格をつけることがむずかしくなる。中古車に適正な価格がつかないということは、市場の効率を阻害しているということになる。

21　International Finance Corporation（IFC）は1956年に設立された。本部は米国ワシントンDCにある。2014年8月現在184カ国が参加している。http://www.ifc.org/参照。
22　Asian Development Bank（ADB）は1966年に設立された。2014年8月現在では67カ国が参加している。http://www.adb.org/参照。
23　ジョージ・アカロフ（George Arthur Akerlof）は、現在カリフォルニア大学バークレー校教授（1940年生）。1970年に発表した論文名は"*The Market for Lemons*"。同氏は情報の非対称性の研究で2001年ノーベル経済学賞を受賞。妻女はジャネット・イエレン（Janet Yellen）。なお、ジャネット・イエレンは2014年米国連邦準備制度理事会（FRB）の議長に就任した。

情報の非対称性は、買主と売主の間はもちろん、借主と貸主の間にも存在する。たとえば、企業向けの融資において、貸主は事前の融資審査で財務諸表等を入念に分析する。借主となる企業の財務担当者と面談や質疑を行い、疑問点の解消に努める。しかし、これらの融資審査にはかなり限界がある。業績良好の企業であれば、だれが融資審査をしても融資を可とする結論は同じであろう。しかし、業績の芳しくない大企業や財務諸表等の十分整わない中小企業の融資審査は困難を極める。こういうむずかしい融資審査では、貸主は借主ほど情報をもっていないという現実に直面する。借主も自分に都合の悪い情報を貸主にすべて開示する動機に欠けるところがある。つまり、借主と貸主との間には情報の非対称性が厳然と存在する。

　さて、プロジェクトファイナンスにおいては、借主と貸主との間に通常存在する情報の非対称性が他の企業向け融資等に比べると相対的に少ないのではないか、と筆者は考える。なぜなら、プロジェクトファイナンスにおいては借主の有する情報の多くを貸主に開示するからである。具体的には、たとえば次のような情報を借主は貸主に開示する。当該事業にかかわる商業契約書群、弁護士の意見書、第三者（コンサルタント）の行った埋蔵量評価書、市場調査報告書、建設費用に関する意見書、保険に関する意見書、環境影響評価書などである。借主側はこれだけの内部情報を貸主に開示するので、その前提として貸主と厳格な守秘義務契約書を締結するのが常である。プロジェクトファイナンスは個別の事業に対する融資であるので、当該事業に関する限りで広範に亘る情報開示が現実的にも可能である。このように、プロジェクトファイナンスでは借主と貸主との間に存在する情報の非対称性が他の企業向け融資等に比べて相対的に少ないといえる。この点は、プロジェクトファイナンスの重要な特徴の１つとして指摘しておく価値がある。

第２項　企業向け融資との比較

　以上、プロジェクトファイナンスの特徴として６つの点を取り上げた。以下では、企業向け融資と比較しながら、プロジェクトファイナンスの特性を

整理しておきたい。次のような諸点から、プロジェクトファイナンスを通常の企業向け融資と比較する。つまり、(a)借主、(b)レンダーの視点、(c)コベナンツ、(d)融資期間、(e)融資金額、(f)プライシング、(g)担保、(h)レンダーのとるリスクの諸点である。

(a) 借主……企業向け融資の借主は既存の法人である。既存の法人は通常相応の業務歴を有する。過去の財務諸表等も整っている。業務歴の浅い借主は、信用力に疑念をもたれることもある。プロジェクトファイナンスの借主はすでにみてきたとおり、新設の法人（特別目的会社）である。新設の法人には財務諸表等は整っていない。

(b) レンダーの視点……企業向け融資のレンダーは借主の財務内容をみる。借主が外部格付を有していればこれを参考にする。投資適格格付をもっていると一応安心である。プロジェクトファイナンスの借主は、新設会社なのでその財務内容にはみるべきものがない。プロジェクトファイナンスのレンダーがみるのは事業の経済性であり、返済能力の有無である。借主が外部格付をもっていることもまずない[24]。

(c) コベナンツ……企業向け融資の融資契約書には簡略なコベナンツがある。財務内容に関するコベナンツが主である。そこで、借入金・資本比率（Debt/Equity Ratio）やDebt/EBITDA Ratioなどを規定する。もっとも、これらは欧米の慣習であって、日本国内の融資契約書は所定の金銭消費貸借契約証書を用いて融資を行うことが多い。所定の金銭消費貸借契約証書には、これら簡略なコベナンツすら存在しない。プロジェクトファイナンスの融資契約書には多くのコベナンツが存在する。コベナンツで借主の事業内容を限定し、追加借入金を禁じ、出資者の変更を禁じ、さらに商業契約書の変更を禁じ、その他定期的にレンダーにさまざ

---

[24] プロジェクトファイナンスの借主が社債発行をもくろんで外部格付を取得した例はある。カタールの液化天然ガス事業での外部格付取得がその例である。A（シングルA）の格付を取得した。しかし、これは例外的な事例である。

まな情報提供を義務づける。多彩なコベナンツが存在するのも、プロジェクトファイナンスの特徴である。

(d) 融資期間……企業向け融資の融資期間は5年程度が通常である。長期の社債を発行したとしても、せいぜい期間10年である。これに対し、プロジェクトファイナンスの融資期間は概して長い。液化天然ガス事業向けプロジェクトファイナンスは、16年にも及ぶ。火力発電所向けプロジェクトファイナンスでは、20年に及ぶものもある。

(e) 融資金額……企業向け融資の融資金額は、借主の企業規模にもよるがおのずと上限がある。借主の信用力がその上限を画する。他方、プロジェクトファイナンスの融資金額は、事業の経済性次第では多額にのぼる。液化天然ガス事業向けプロジェクトファイナンスでは、200億米ドル（約20兆円）の融資金額に及んだ例がある[25]。

(f) プライシング……企業向け融資の金利水準は信用力にもよるが、融資期間が5年程度になることから、概して高くはない。BBB（トリプルB）の格付を有する企業であれば、現在Libor+100bp[26]程度（あるいはそれ以下）で借入れが可能である。これに対して、プロジェクトファイナンスの金利水準ははるかに高い。液化天然ガス事業向けプロジェクトファイナンスでは、現在Libor+300bp前後である。

(g) 担保……企業向け融資は信用力が相応あれば、担保を徴することはまずない。信用扱いが普通である。他方、プロジェクトファイナンスでは事業の全資産を担保にとる。担保をとらないプロジェクトファイナンスはまず存在しない。

(h) レンダーのとるリスク……企業向け融資でレンダーがとるリスクは、借主の破綻リスクである。借主が破綻する原因はさまざまであろう。主

---

[25] 2012年12月に融資契約書を調印した豪州イクシス液化天然ガス事業である。本事業の概要については「第5章第2節　液化天然ガス事業向けプロジェクトファイナンスの実例」を参照。

[26] bpはBasis Pointの略。100分の1％を意味する。したがって、100bpは1.00％である。

図表18　企業向け融資とプロジェクトファイナンスの比較表

		企業向け融資	プロジェクトファイナンス
(a)	借主	既存企業	特別目的会社（SPC）
(b)	レンダーの視点	財務内容、格付	事業の経済性・返済能力
(c)	コベナンツ	財務コベナンツ（Debt/Equity Ratio、Debt/EBITDA Ratio等）	多彩なコベナンツ
(d)	融資期間	5年程度	15〜20年
(e)	融資金額	借主の信用力次第	事業の経済性次第
(f)	プライシング	低い	高い
(g)	担保	信用扱い（無担保）が多い	全資産担保
(h)	レンダーのリスク	借主企業の破綻リスク	事業の破綻リスク

（出典）　筆者作成

たる事業の失敗なのか、日本のバブル時代のように本業とは無縁の株式や不動産への投資に失敗して破綻するかもしれない。これに対し、プロジェクトファイナンスのレンダーがとるリスクはやはり借主の破綻リスクには相違ないが、正確には借主が遂行する事業そのものの破綻リスクである。プロジェクトファイナンスの借主は先に説明したコベナンツ等で他の事業に手を出すことは許されないので、本業とは無縁の投資等で破綻することはありえない。

　以上、企業向け融資と比較しながら、プロジェクトファイナンスの特性を整理してきたが、これを一覧にまとめると図表18のとおりである。

第3項　プロジェクトファイナンスの利用理由

　プロジェクトファイナンスの組成には時間もかかるし、先にみたように借入金の金利水準も比較的高い。それにもかかわらず、どうして企業はプロジェクトファイナンスを利用するのであろうか。プロジェクトファイナンスの利用理由を確認しておきたい。利用理由としては次のようなものがある。

(1)　債務負担の軽減／リスクの分散

(2) 事業主の信用格付維持・向上
(3) 多額・長期の借入れ
(4) 新興国での資金調達
(5) 複数スポンサーによる共同事業

　なお、上記のとおり利用理由は複数ありうるが、当事者の企業はこれらのうち1つでも自らの経営目的に合致すれば、プロジェクトファイナンスの利用を決断している。すべての理由に合致する必要はない。それぞれの利用理由を、以下もう少しみておきたい。

(1) 債務負担の軽減／リスクの分散

　まず、親会社の債務負担の軽減である。これはプロジェクトファイナンスのノンリコースの特徴に注目した利用理由である。親会社が債務を負担しないということは、当該事業のリスクの一部をプロジェクトファイナンスのレンダーに転嫁したともいえる。そういう観点からは、リスクの分散を図るためという見方もできる。

　なお、プロジェクトファイナンスによる借入金が親会社に対してノンリコースであるということと、親会社のバランスシート上いわゆるオフバランス（バランスシートに載らない／連結決算にならない）になるということとは同義ではないので注意を要する。ノンリコースとオフバランスは同義ではない。ノンリコースは親会社に債務負担がないということにすぎず、親会社のバランスシートに債務が掲載されるかどうかとは別問題である。親会社のバランスシートに債務が掲載されるかどうかは、会計ルールにのっとって判断される。具体的には、子会社の株式の過半を保有し経営も担っていれば、同子会社の債務はその親会社のバランスシートに計上される。つまり、子会社の借入金は親会社に対してノンリコースではあっても、親会社の決算には連結され、オフバランスにはならないということが起こる。

(2) 事業主の信用格付維持・向上

　上記のとおり、親会社の債務負担がないということから、プロジェクト

ファイナンスを利用することの利点として親会社（事業主）の信用格付の維持・向上に資する点をあげる者も少なくない。上記(1)と本件(2)の利用理由は、日本の商社の財務担当者が頻繁に指摘するところである。

(3) **多額・長期の借入れ**

すでに企業向け融資との比較の箇所でみてきたとおり、プロジェクトファイナンスでは多額で長期間に及ぶ借入れが可能である。これは対象となる事業そのものに焦点を当てたプロジェクトファイナンスの特性である。多額で長期間の借入れが可能となる点に利点を見出し、プロジェクトファイナンスの利用を決める例も少なくない。

(4) **新興国での資金調達**

プロジェクトファイナンスが新興国で強さを発揮する点はすでにみてきた。新興国での事業を推進するにあたって、その資金調達方法としてプロジェクトファイナンスを選ぶ例もかなり散見される。プロジェクトファイナンスの特徴を活用した例である。

(5) **複数スポンサーによる共同事業**

新興国での事業推進にあたっては、新興国に在住する企業を事業にパートナーとして招聘することが少なくない。同新興国政府との交渉や地元利害関係者との交渉に重要な役割を担う。事業の円滑な推進には欠かせない事業パートナーである。一方、新興国の企業は財務内容が優れていないことが多い。事業資金の調達となると、かような新興国企業は足手まといになりかねない。事業への出資比率に応じた資金の拠出にも難渋する。こういう事業パートナーを擁した場合には、資金調達手段としてプロジェクトファイナンスが選択されることがある。先進国の大企業だけが事業主であれば各人が資金を拠出するのに何の問題もないが、新興国の事業パートナーが存在しかつ同社の資金調達能力に問題なしとしない場合には、事業そのものの経済性に着目したプロジェクトファイナンスでの資金調達で問題解決を図るのである。

第3節　類型とデフォルト率

第1項　プロジェクトファイナンスの類型

　プロジェクトファイナンスは、さまざまな事業に対して利用されている。そのなかでも発電所案件や資源開発案件向けが比較的多い点は、すでにみてきた[27]。それぞれの事業には事業特有の性質があり、プロジェクトファイナンスの内容もそれぞれの事業の特性に応じて対応している。したがって、プロジェクトファイナンスを分類する際にも、対象となる事業の特性に応じて分類していくのが穏当である。このような視点から、以下2つの分類方法をまとめておきたい。一方は「電力型」と「資源型」の分類であり、他方は「輸出型」と「国内型」の分類である。

(1) 「電力型」と「資源型」

　電力型のプロジェクトファイナンスの典型例は、発電所向けのプロジェクトファイナンスである。たとえば、火力発電所の建設・操業の事業向けに行われるプロジェクトファイナンスである。電力供給力の増強はどの新興国でも喫緊の課題であり、産業の振興や経済の伸長にはインフラの整備なかんずく電力供給力の整備は欠かせない。先進国企業の持つ発電所建設・操業の運営能力、資金調達能力等を生かして電力供給能力を増強させる試みは多くの新興国で行われている。いわゆる独立電力事業者[28]が活躍する分野である。独立電力事業者が発電所事業の資金調達方法として頻繁に利用するのがプロジェクトファイナンスである。独立電力事業者が推進する発電所事業にはプロジェクトファイナンスの観点からみて、将来の事業収入を高い蓋然性をもって予想できる「買電契約書」の存在が重要である。

---

[27] 「第3章第1節第2項　プロジェクトファイナンスの市場」。
[28] 独立電力事業者のことを、Independent Power Producer（IPP）と呼ぶ。

買電契約書のなかには、電力価格を決定する要素としてCapacity ChargeとEnergy Chargeとが存在することはすでに触れた[29]。Capacity Chargeは資本コストの回収を求める部分である。実際に電力を供給してもしなくても、電力供給できる状態にあるだけで合意ずみのCapacity Chargeを受領できる。資本コストのなかには借入金の返済や出資金の配当金が含まれる。他方Energy Chargeは主に変動費用の回収を求める部分である。このなかでは燃料費の占める割合が大きい。燃料費（たとえば、天然ガスの調達費）はすべて電力購入者に転嫁できる仕組みである。両者のChargeのうち、特にCapacity Chargeの部分は発電所施設が電力を供給できる状態にありさえすれば、事業主は対価を受領できるという点が重要である。これにより資本コストの回収はメドが立つ。実際に電力を電力購入者に引き渡したかどうかは問わない。このような対価の支払の仕組みを一般にAvailability Paymentという。Availability Paymentは、財やサービスを実際に提供したかどうかを問わない。財やサービスを提供できる状態に設備を用意しさえすれば、対価を受領できるという点がその特長である。したがって、事業主はAvailability Paymentという事業収入の仕組みをもつことにより、電力需要の市場リスクを負うことがない。このことは、事業主に資金を提供するプロジェクトファイナンスのレンダーも同様に電力需要の市場リスクを負わないことを意味する。

　さて、「電力型」についてはその典型例として発電所案件を取り上げて説明してきたが、この「電力型」に分類できる案件としては、他にLNG船事業、FPSO[30]事業、パイプライン事業をあげることができる。LNG船とFPSOの事業には、通常長期のチャーター契約が存在する。チャーター契約

29　「第3章第1節第3項　プロジェクトファイナンスの沿革」。
30　FPSOはFloating Production Storage Offloadingの略称で、石油・ガスの洋上生産貯蔵施設のことを指す。洋上で石油・ガスの生産を行い、生産物を短期間貯蔵する。概観は船舶のようであるが、駆動設備をもたず、通常は洋上の定位置に浮いている。移動を要するときは他の船舶に曳航してもらう。日本企業では三井海洋開発がこのFPSO業界で世界的に事業を展開している。

書のなかには、１日当りのチャーター料が合意されている。このチャーター料は、LNG船やFPSOを使用するかどうかにかかわらず支払義務が課されている。したがって、Availability Paymentである。また、パイプライン事業にも通常スループット契約が存在する。実際に利用者がパイプラインをどれだけ利用するかどうかにかかわらず、一定額の利用料金の支払が義務づけられている。これもまたAvailability Paymentである。つまり、「電力型」の特長は事業収入にかかわるAvailability Paymentの存在である。Availability Paymentの存在により、当該事業の将来の収入を高い蓋然性で予想することができる。将来の事業収入を予想できるということは、事業主（および出資者）にとっても好都合な点であるが、プロジェクトファイナンスのレンダーにとっても好都合である。「電力型」は、その事業収入の安定性を強みとして、プロジェクトファイナンスを成り立たせている。

　ちなみに、公共事業を官民一体となって推進しようとする試みのなかに、PFI（Private Finance Initiative）やPPP（Private Public Partnership）がある[31]。公共事業においても将来の事業収入を予測するのは困難を極める。そこで、PFIやPPPにおいて資金調達の手段としてプロジェクトファイナンスの手法が利用されることがあるが、その時に頻繁に利用されているのがこのAvailability Paymentの考え方である。公共事業のサービスの対価として地方政府等がAvailability Paymentを保証することにより、民間による事業運営を可能とし、資金調達を可能とする。PFIやPPPがプロジェクトファイナンスの手法を活用しているというとき、要となっている仕組みは事業収入にかかわるこのAvailability Paymentの存在である。したがって、PFIやPPP

31　PPPは、官民連携して公共サービスを提供するスキームを総称する広い概念。PFIは、PPPの概念に包含され、PPPの典型手法である。PPPに通底する考え方はValue for Money（VFM）で、これは「よりよい公共サービスをより安く」をモットーとする（町田裕彦『PPPの知識』2009年、日本経済新聞出版社、14頁以下）。なお、本文ではAvailability Paymentに関連してPFI/PPPに言及したが、PFI/PPPのなかにはAvailability Paymentの仕組みをもたないものもあり、この場合事業主が収入多寡のリスクをとることになる。PFI/PPPにはこのような市場リスクをとる独立採算型の事業もある。

図表19　電力型の案件例

案件例	Availability Payment の契約書
発電所 LNG船、FPSO パイプライン	買電契約書（Power Purchase Agreement） チャーター契約書（Charter Agreement） スループット契約書（Through-Put Agreement）

（出典）　筆者作成

はプロジェクトファイナンスの「電力型」を応用したものだといっていい。

これまで文中で言及してきた「電力型」の具体的な案件例とAvailability Paymentの概念を含む契約書との関係を、図表19に一覧にしておく。

なお、日本で2012年7月から開始された再生可能エネルギーの電力固定価格買取制度[32]は、ここでいう「電力型」事業の一形態である。電力固定価格買取制度を一国の社会経済政策として導入する際、その運用上のむずかしさは具体的に固定価格の水準をどのように決めるかである。固定価格の水準を高く設定すれば再生可能エネルギーの促進は図れる。しかし、そのコストは電力会社から電力の最終消費者に転嫁されるので電力の最終消費者の費用負担は増える。固定価格の水準を低く設定すれば、再生可能エネルギーの促進は図れない。日本で開始された買取固定価格の水準は当初10kW以上の発電能力をもつ太陽光発電について1kWh当り税抜40円（13年度は36円、14年度は32円にそれぞれ改訂）とした。ドイツや英国では現在太陽光発電による固定価格は1kWh当り20円を下回る[33]。日本の固定価格買取制度は非常に価格水準が高い。「このままでは電気料金大幅値上げによる家計・企業・経済への悪影響が顕在化し、（再生可能エネルギーの）持続的な普及促進にマイナスになる」という指摘はもっともである[34]。

次に「資源型」であるが、これは文字どおり、資源開発案件が典型例である。プロジェクトファイナンスの対象となることが多い資源開発案件は、石

---

[32] 固定価格買取制度を英語でFeed-in Tariffということから、同制度をFITとも呼ぶ。
[33] 山口光恒「太陽光買い取り制、改正を」日本経済新聞 2013.10.17朝刊。
[34] 前出山口「太陽光買い取り制、改正を」。

油・ガス、鉄鉱石、石炭、銅、ニッケルなどの資源開発案件である。プロジェクトファイナンスの沿革をたどると、資源開発事業での利用がその濫觴であることはすでに述べた[35]。資源開発事業の強みは、地中にある資源を採掘し市場に販売することによって収益の源泉としている点である。生産物価格が採掘・生産コストを上回っている限り、収益は確保できる。資源開発事業の収益の拠り所は、生産物価格と採掘・生産コストとの差である。生産物価格と採掘・生産コストとの値差を中長期的に確保できると見込める資源開発事業は、その収益性・経済性がきわめて高いといえる。プロジェクトファイナンスのレンダーは資源開発案件をみる際に、その収益性・経済性の水準に注目する。収益性・経済性の高い資源開発案件は、プロジェクトファイナンスでの資金調達が容易になる。資源開発案件の事業収入自体は毎年上下に変動するであろう。取り扱っている生産物は、日々市場で価格が決まっている。この事業収入の変動にも動じないような高い収益性・経済性をもつ資源開発案件は優良案件である。事業主にとってもプロジェクトファイナンスのレンダーにとっても、優良案件は垂涎の的である。

「資源型」は事業収入自体が毎年のように変動し、決して安定的ではないが、「資源型」の強みは、生産物価格と採掘・生産コストとの値差からくる収益性・経済性の高さである。この点は「電力型」がAvailability Paymentを拠り所に、きわめて安定的な事業収入を確保するのとはその事業特性が異なる点を留意しておきたい。したがって、「電力型」と「資源型」とを分け隔てるものは、契約で約束されたAvailability Paymentによって安定的な事業収入を確保しているのか（電力型）、あるいは地中にある資源を採掘して生産物価格と採掘・生産コストとの値差から収益性・経済性を確保しているのか（資源型）、という点にある。この相違点は両者の事業特性からくるものであり、プロジェクトファイナンスのレンダーにとって両者を峻別する意味は大きい。プロジェクトファイナンスのレンダーは電力型案件については

---

[35] 「第3章第1節第3項　プロジェクトファイナンスの沿革」。

その事業収入の安定性を主たる評価の基軸とする一方、資源型案件についてはその収益性・経済性の大きさを主たる評価の基軸とする。

　さて、プロジェクトファイナンスの視点から、「電力型」と「資源型」とを区別する実務上の意義は何か。いくつか考えられるが、顕著な点はDebt Service Coverage Ratioの水準と金利リスクとの関係である。「電力型」は事業収入が安定しているので、レンダーが求めるDebt Service Coverage Ratioの水準はさほど高くない。「資源型」は事業収入が安定していないので、レンダーが求めるDebt Service Coverage Ratioの水準は比較的高い。事業収入の安定度合いとDebt Service Coverage Ratioの水準との関係はこれで合理的である。しかし、借入金の金利が上昇した際の金利リスクについてみていくと、Debt Service Coverage Ratioの水準がさほど高くない「電力型」は金利上昇リスクに対して耐性が強くない。「資源型」はこの点Debt Service Coverage Ratioの水準に余裕があるので、金利上昇リスクを吸収しうる。したがって、「電力型」ではレンダーが借入金の金利について金利スワップを用いて固定化することを求める。借入金のうちどの程度について金利の固定化を求めるのか（借入金の全額か、そのうちの70％程度かなど）、また、金利固定化のタイミングをいつ求めるのか（融資金実行のつどか、完工時かなど）については案件ごとに異なる。一方、「資源型」については、レンダーが借入金の金利について固定化を求める例はほとんどみられない。なお、この「電力型」と「資源型」の区別とDebt Service Coverage Ratioの水準／金利リスクとの関係については、「第4章第7節　金利・為替リスク」のところでもう一度論じる。

(2)　「輸出型」と「国内型」

　次に「輸出型」と「国内型」の分類について述べる。「輸出型」は事業の生産物をもっぱら輸出するものである。石油・ガス、鉄鉱石、石炭、銅などの資源開発案件は生産物を先進国等他国に輸出するものが多い。生産国内でも一部消費されるが、基本的には主たる資源の存在国とそれを需要する国とは通常あまり一致していない。資源豊かで消費量も多い米国のような先進国

は例外的な存在とみるべきであろう。したがって、貿易を行うことは必然である。特に、新興国で行われる資源開発案件は生産物を輸出するものが大半である。事業収入の通貨がどういう通貨で得られるのかという点に着目すると、「輸出型」はまず事業収入が通常米国ドル建てで得られる。それは、石油・ガス、鉄鉱石、石炭、銅などの貿易は主として米国ドルで決済されている現実があるからである。さらに、先に「電力型」の案件例でLNG船事業、FPSO事業、パイプライン事業などに触れた。これらの事業の収入も米国ドル建てになることがきわめて多い。これらの案件も事業収入が米国ドル建てで得られるので、ここでいう「輸出型」ととらえる。ここで論じている「輸出型」と「国内型」とを分ける分水嶺は、事業収入の通貨である。基軸通貨、特に米国ドル建てで事業収入が得られるのかどうかという点である。米国ドル建てで事業収入を得られるのであれば「輸出型」、そうでなければ「国内型」である。生産物を実際に輸出しているかどうかは実はあまり関係がない。生産物を輸出する場合にはたいてい収入を米国ドルで得られるので、象徴的に「輸出型」と称しているにすぎない。米国内で事業を行い、もっぱら生産物を米国に販売している場合でも（この場合輸出は皆無だが）、ここでの分類上は「輸出型」である。この場合事業収入はすべて米国ドルで得られるからである。つまり、ここでいう「輸出型」は文字どおり生産物を輸出して事業収入を基軸通貨で得る案件と、輸出するかしないかにかかわらず基軸通貨で事業収入が得られる案件の両者を包含する。

　「国内型」とは、したがって事業収入が基軸通貨以外の現地通貨で得られる案件である。具体的には、新興国で輸入代替を企図した石油精製事業や石油化学事業がこれに該当する。さらに、新興国で行われる道路、鉄道、トンネル、橋梁などの運輸部門のインフラ事業もこれに該当する。もっとも、新興国で行われる発電所事業はやや趣を異にする。新興国で行われる発電所事業のなかには外資の独立電力事業者の投資を促進するために、電力購入代金をあえて米国ドルで支払うよう配慮する例や、現地通貨で支払うがその支払時ごとの米国ドルの為替水準にリンクさせておき、万が一現地通貨の価値が

下がった際に米国ドルベースでの実質収入低下のリスクを回避できるよう配慮している例が少なくない。

さらに、タイの発電所案件の事例ではこの点独特の手法を取り入れており、注目に値する。タイの発電所案件では独立電力事業者向け電力代金の支払を2通貨で行っている。つまり、電力代金の50%を米国ドル建て、50%をタイのバーツ建てという折衷案を採用している。この2通貨での支払の狙いは、一方で外資の独立電力事業者の投資意欲を減じることのないよう配慮しながらも、他方で自国の米国ドルの流出を抑制しようとの政策意図だと解される。このタイの発電所案件の2通貨での電力代金の支払手法はこれまでのところ奏功しており、日本企業や欧米企業のタイでの発電所事業投資は活発である[36]。タイでは2011年から液化天然ガスの輸入も開始しており、輸入する液化天然ガスは、もっぱら火力発電所の燃料として利用されている。同国はシャム湾で天然ガスを産出しているが、国内のガス需要をまかなうには十分ではなく、液化天然ガスの輸入を余儀なくされている。

さて、プロジェクトファイナンスの視点から、「輸出型」と「国内型」とを区別する実務上の意義は何か。この点については少なくとも2つの点が認められる。1つは、新興国で行われる輸出型案件であれば生産物の販売市場が世界に広がっているということから、その事業に伴う諸リスクが軽減されると考えられる点である。生産物の販売市場がもっぱら同新興国の国内市場に限られた国内型案件だったと仮定した場合と比べると、この点は明らかであろう。生産物の販売市場がもっぱら同新興国の国内市場に限定されている場合には、同国の経済が思うように成長しなければ、同事業は真っ先に影響を受ける。もっぱら、一国の市場に依存した案件（国内型）と世界の市場を標的にした案件（輸出型）とで、事業リスクの質の違いは明らかである。この点、輸出型案件は国内型案件を凌駕する[37]。さらに、重要なのは2点目で、輸出型案件は事業収入が基軸通貨建てになるという点である。基軸通貨

---

[36] 「第3章第4節第1項　日本企業の動向」を参照。なお、タイの発電事業では電源開発の活躍が目覚ましい。

は多くの場合米国ドルである。世界の貿易の過半が米国ドルで決済が行われている現状は看過するわけにはいかない。事業収入が米国ドル建てになるとどういう利便があるのか。これは資金調達面で現れる。現在の資金調達市場でその規模が最も大きく、そして懐が深いのは間違いなく米国ドル建ての市場である。事業の資金調達特に借入金の調達にあたっては、当該事業収入の通貨にあわせて借入金の通貨を選択することが為替リスクの観点から望ましい[38]。つまり、輸出型の案件は事業収入の通貨が米国ドル建てなので、借入金の通貨も米国ドル建てが常道である。米国ドル建ての資金調達市場は、すでに指摘のとおり現在のところ最も規模が大きく懐が深いので、資金調達が相対的に容易だということができる。翻って、国内型案件は、たとえば新興国で推進する場合、事業収入の通貨は同国の現地通貨となる。為替リスクを回避する観点からは事業収入の通貨と借入金の通貨を同一にしたいところであるが、新興国の現地通貨で多額で長期間にわたる借入金の調達は現実には困難なことが多い。

　以上みてきたとおり、「輸出型」と「国内型」とを分類する実務上の意義は少なくとも2点あり、1つは生産物の市場規模の相違であり、もう1つは事業収入の通貨に関連して資金調達の難易度の相違である。

(3) 「電力型」「資源型」と「輸出型」「国内型」の合体

　プロジェクトファイナンスの類型という観点で、「電力型」と「資源型」、「輸出型」と「国内型」の2種類の類型をみてきた。これら2種類の類型を合体して考えることができる。合体して考えることにより、プロジェクト

---

[37] 経営戦略的には大手の競合者の存在しない新興国の狭い市場でニッチ戦略をとる、ということは理論的には考えられる。しかし、資源開発案件では取り扱う生産物の多くは世界で広く流通しており、ニッチ戦略はむずかしかろう。

[38] 企業が海外事業に出資する場合には為替リスクは免れない。短期的には為替予約や通貨スワップ等の金融手法で出資金にかかわる為替リスクを回避できたとしても、長期的にはやはり為替リスクは免れない。一方海外事業に要する資金の一部を借入金(具体的には銀行借入れや社債発行)でまかなう場合には、この借入金の通貨を選択する余地がある。海外事業資金の一部を借入金でまかなう場合には、借入金の通貨を当該事業収入の通貨と一致させておけば、借入金の部分に関しては為替リスクを回避することが可能である。「第4章第7節　金利・為替リスク」の「ナチュラル・ヘッジ」の説明参照。

図表20 電力型・資源型と輸出型・国内型

（出典）　筆者作成

ファイナンス案件の類型化の作業はそのほぼ全容をとらえることができる。2種類の類型を合体して一覧に俯瞰したものが、図表20である。縦軸に「電力型」と「資源型」を示す。「電力型」と「資源型」の分別の基準は事業収入の安定性である。横軸に「輸出型」と「国内型」を示す。「輸出型」と「国内型」の分別の基準は事業収入の通貨である。

図表20について、以下少々敷衍したい。図表の上のほうから下に向かって順を追って説明する。説明の便宜のために図表中の案件種類に(a)から(f)の記号を振り、下記説明ではこの(a)から(f)の順に説明する。

(a) IPPとIWPP

これはそれぞれ独立電力事業と独立電力・水事業のことを指す[39]。独立電力事業や独立電力・水事業は「電力型」の典型例である。電力（および水）の長期購入契約が存在し、事業収入は安定している。したがって、図表では上部に位置する。他方、事業収入の通貨という観点でみると、基軸通貨（主

---

[39] 独立電力事業と独立電力・水事業はそれぞれ英語でIndependent Power Producer、Independent Water and Power Producerと称する。略してIPPおよびIWPPである。

に米国ドル）で事業収入を得る案件もあるが、一部には現地通貨で事業収入を得る案件もある。すでにみたタイの事例では折衷案を採用していた。したがって、図表ではどちらの場合もありうることを示すために、IPP/IWPPを横長に表記している。

  (b) LNG船、FPSO、パイプライン

 これらはすでに記述のとおり、チャーター契約やスループット契約の存在により事業収入が安定的である。したがって、「電力型」である。他方、事業収入の通貨をみると、基軸通貨（主に米国ドル）で事業収入を得る案件がほとんどである。したがって、図表ではIPP/IWPPのすぐ下の左側に位置する。

  (c) 液化天然ガス事業

 液化天然ガス事業には、長期の販売契約が存在する。液化天然ガス事業は、多額の投資を要するので、事業の生産物である液化天然ガスの購入者との間に長期の売買契約を締結してから事業に着手するのが通常である。いわば、生産物の買い手を見つけてから事業に着手するというわけである。生産する液化天然ガスの全量について購入者と売買契約を締結する必要まではないが、生産量の大半について長期の売買契約を締結するのは液化天然ガス事業の堅実な推進方法である。もっとも、液化天然ガスの売買契約では価格は市場価格を採用する。日本やアジア向けの液化天然ガス価格は石油価格にリンクする。そういう意味では、事業収入の安定性は「電力型」に劣る。分類としては「資源型」である。しかし、一般の資源開発案件（石油、鉄鉱石、石炭、銅など）に比べると、長期にわたる販売契約が整っている点が液化天然ガス事業の特長である。資源型のなかでは、長期販売契約が整っている点が他の資源開発案件に比べ優位な点でもある。また、液化天然ガスの販売は他の資源生産物同様米国ドル建てで行われる。したがって、図表では、左側の中央（電力型のすぐ下、資源開発のすぐ上）に位置する。

  (d) 資源開発

 石油、鉄鉱石、石炭、銅などの開発・生産を行う資源開発案件は、「資源

型」の典型である。生産物は市場価格で決まるので、事業収入は安定していない。生産物の購入者との間に売買契約は相応存在するが、液化天然ガス事業にみられるような長期に及ぶ売買契約に比べると売主と買主との紐帯は弱い。資源開発案件では数年経つと買主が変更することもある。もっとも、石油、鉄鉱石、石炭、銅などの生産物は市場で流通する量が多く潜在的な買主は市場に多く存在するので、販売自体に苦慮することはない。品質に応じた妥当な価格が設定されていれば、買主は見つかる。また、石油、鉄鉱石、石炭、銅などの生産物はすべて米国ドルで取引される。したがって、事業収入は米国ドル建てである。図表では左側の中央少し下（液化天然ガス事業のすぐ下）に位置する。

(e) 石油精製、石油化学

石油精製事業、石油化学事業もプロジェクトファイナンスの対象となることがある。案件事例は多くはない。日本企業関連では、2013年6月、出光興産がベトナム・ギソン（ハノイの南）での石油精製・石油化学事業向け50億米ドルのプロジェクトファイナンスの組成を果たした例が最新事例である[40]。また、06年3月には、住友化学がサウジアラビアでラービグ石油化学事業向け58億米ドルのプロジェクトファイナンスの組成を成功させている[41]。

石油精製事業や石油化学事業は、一国の所得水準が上がってくるとともに発展していく産業である。たとえば、オートバイや自動車の販売台数が伸長してくると、それまでガソリンを輸入していた国が、自国内でも石油を精製しガソリンやその他の石油派生製品を生産するようになる。石油精製所が産出する石油派生製品のうちナフサは、石油化学産業の原料になる。したがって、石油化学事業もあわせて発展していく。つまり、低所得国から中所得国に移行する前後から、石油精製事業や石油化学事業が国内で発展していく。

40　2013年6月5日付同社プレスリリース。http://www.idemitsu.co.jp/company/news/2013/130605.html参照。

41　2006年3月3日付同社プレスリリース。http://www.sumitomo-chem.co.jp/newsreleases/docs/20060303_1.pdf参照。

ベトナムでは、2009年に同国初の石油精製所が中部ズンクワットで稼動を開始した。前出の出光興産の推進する石油製油所は、ベトナムにとって同国2番目のものである。ベトナムでは、ようやく自国内で石油精製事業や石油化学事業が現出してきたということになる。アジアでの他国の例をみると、たとえばタイでは1990年代に石油精製事業や石油化学事業が国内で陸続と立ち上がった。

　さて、ベトナムやタイでは、それまでガソリン等の石油派生製品や石油化学製品を他国からの輸入で国内需要を満たしてきた。国内の需要が伸長し、いよいよ自国内でも石油派生製品や石油化学製品を生産するという段階に発展してきたわけである。したがって、ベトナムやタイでの石油精製事業や石油化学事業は、いわば輸入代替を企図したものである。低所得国から中所得国に移行する前後にみられる新興国での石油精製事業や石油化学事業の新設は、おおむね輸入代替である。そして、輸入代替であるから、これらの事業の事業収入は同国の現地通貨で得られる。

　他方、前出の住友化学のサウジアラビアでの石油化学事業であるが、これは石油化学事業としては珍しく、輸出を企図した事業である。サウジアラビアでは産出される天然ガスの商業化に苦慮していた。サウジアラビアの立地からすると、天然ガスをパイプラインで他国に輸出するのは困難である。したがって、天然ガスを加工して付加価値を高め、輸出しやすいかたちにして輸出を図る必要がある。液化天然ガスも一案であったとは推察されるが、サウジアラビアが天然ガスの商業化・輸出化の第一弾として企図したのが石油化学事業であった。事業パートナーとして選ばれたのが、日本の住友化学である。住友化学が推進するサウジアラビアでの石油化学事業は輸出型であり、事業収入は米国ドルで得られる。

　次に事業収入の安定性であるが、石油精製事業や石油化学事業は輸入代替である場合には国内販売になる。販売先は国内のガソリン流通業者や石油化学の最終製品製造業者である。事業慣行として長期の販売契約を締結することはまれであり、たとえ締結されたとしても販売先の信用力は高くない。住

友化学のサウジアラビアの事例は輸出向け事業であるが、海外でも石油化学製品の長期販売契約は慣行としてあまり見当たらない。つまり、石油精製事業や石油化学事業は電力型事業などに比べると販売契約が脆弱である。事業収入は安定的とはいえない。

以上諸点を勘案すると、石油精製事業や石油化学事業は図表下（事業収入は安定的ではない）のほうに位置し、横に長く表記（事業収入の通貨は米国ドルと現地通貨の両方がありうる）できる。

　(f)　インフラ

最後に、道路、鉄道、トンネル、港湾、橋梁などの運輸部門のインフラ案件である。この分野は、事業収入が現地通貨となるのがまず必然である。加えて、不特定多数の利用者を想定することが多いので、事業収入は安定しない。したがって、図表中右下に位置する。

ちなみに、アダム・スミスは、民間部門が引き受けない事業としてインフラと教育をあげている[42]。教育分野についてはアダム・スミスの時代から2世紀余を経て、世界で私学の教育は相応成功をみている。英米の有力大学は主に私学である。しかし、インフラ分野については、現在に至ってもアダム・スミスの指摘が妥当している。民間部門ではなかなか引き受けることのむずかしい分野にとどまっている。

なお、先に記述したとおり、インフラ事業を電力型に仕上げることにより、つまり政府がAvailability Paymentを保証することにより、民間の参入を促進する方法はある。

第2項　プロジェクトファイナンスのデフォルト率

プロジェクトファイナンスのデフォルト率についてみておきたい。米国の民間格付会社ムーディーズ社[43]が民間金融機関の協力を得て1990～2010年の

---

[42]　ロバート・ハイルブローナー『入門経済思想史―世俗の思想家たち』（2001年、筑摩書房）109頁。
[43]　正式英文名は、Moody's Investors Service。

20年間に成約した3,000件余のプロジェクトファイナンス案件を調査した[44]。これだけ広範に及ぶ実証分析は初めてのことである。

その結果、プロジェクトファイナンス案件のデフォルト率[45]は、同社の格付BBB（トリプルB）とBB（ダブルB）のデフォルト率のおおよそ中間に位置するということが判明した。デフォルト率からみる限り、プロジェクトファイナンス案件の平均的な信用格付水準は、おおむねBBB（トリプルB）とBB（ダブルB）の中間であるとみていい。

ちなみに、ムーディーズ社の調査結果は筆者の見聞にほぼ合致する。また、信用格付水準は融資のプライシングと呼応するわけであるが、ムーディーズ社の調査結果はプライシングの観点からもおおむね符合するといえ

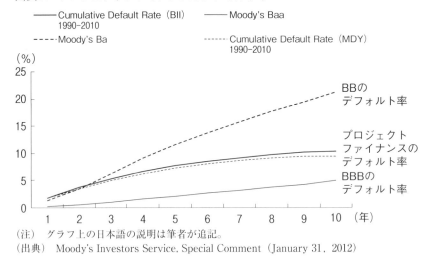

図表21　プロジェクトファイナンスのデフォルト率

（注）　グラフ上の日本語の説明は筆者が追記。
（出典）　Moody's Investors Service, Special Comment（January 31, 2012）

44　調査報告書名は "Special Comment: Default and Recovery Rates for Project Finance Bank Loans, 1983-2010"（January 31, 2012）。本報告書の調査対象期間は1983～2010年の27年間に及ぶが、デフォルト率の調査は1990～2010年の20年間にとどまる。
45　デフォルトの定義については、この調査ではムーディーズ社の定義とバーゼルⅡの定義の両方を使用している。図表21ではムーディーズ社の定義によるデフォルト率を------の点線で示し、バーゼルⅡの定義によるデフォルト率を―――の実線で示している。両者の定義によるデフォルト率の差異は僅少である。

る。

　プロジェクトファイナンス案件の平均的な信用格付の水準がBBB（トリプルB）とBB（ダブルB）の中間に位置するという実証分析の結果は、業界外部の人たちの無用な疑心暗鬼を払拭する。また、業界内部の人たちの過大評価を戒める。そういう意味で、ムーディーズ社の実証分析は非常に意義のあるものである。

第4節　日本企業および邦銀の動向

第1項　日本企業の動向

　日本企業のプロジェクトファイナンス利用状況をみておきたい。日本企業の海外進出は、従前にも増して活発である。これは日本国内の経済の成熟、経済成長の鈍化が背景にある。日本の企業は収益を求め海外に出る。海外進出は海外事業への投資というかたちをとることが少なくない。海外事業投資には多額の資金を要するものもある。その資金調達方法として、プロジェクトファイナンスによる借入れを行う事例も増えてきた。

　図表22、23および24は、それぞれ2011年度（2011年4月〜12年3月）、2012年度（2012年4月〜13年3月）および2013年度（2013年4月〜14年3月）の日本企業によるプロジェクトファイナンス利用例である。ここでいう日本企業によるプロジェクトファイナンス利用例とは、日本企業が事業の出資者として参画している場合を指す。図表22、23、24について、(1)事業分野、(2)地域、(3)日本企業の業種の各視点から、日本企業によるプロジェクトファイナンス利用例の特徴や傾向をみておきたい。

(1)　事業分野

　まず事業分野に注目すると、日本企業がプロジェクトファイナンスを利用

図表22　日本企業によるプロジェクトファイナンス事例（2011年度）

年月	日本企業名	海外投資事業概要	融資金額
2011.5	住友商事	UAE・シュワイハット・ガス焚き火力発電所	4億米ドル
2011.5	双日	豪州ミネルバ炭鉱買収	約1.5億米ドル
2011.6	三井海洋開発、三井物産、三菱商事	ブラジル・ペトロブラスFPSO（Guara鉱区）	約8億米ドル
2011.7	JX日鉱日石金属、三井金属鉱業	チリ・カセロネス銅鉱山開発事業	11億米ドル
2011.11	日本郵船	LNG船1隻（PNG LNGから日本へ）	約2.5億米ドル
2011.11	丸紅、中部電力	オマーン・スール・ガス焚き火力発電所	約11億米ドル
2011.11	電源開発	タイ・ノンセンガス焚き火力発電所	約12億米ドル
2012.3	大阪ガス	豪州ゴーゴンLNG	約3億米ドル
2012.3	三井海洋開発、三井物産、商船三井、丸紅	ブラジル・ペトロブラスFPSO（Cernambi South鉱区）	約11億米ドル

（出典）　各社のHPおよび国際協力銀行のHPを参考に筆者作成

する事業分野は電力、資源開発、LNG船、FPSOなどに集中している。電力事業と資源開発事業が多いという傾向は、プロジェクトファイナンス市場全体の傾向と一致する[46]。資源開発分野は、液化天然ガス、銅鉱山、石炭鉱山などが多い。いずれも生産物を日本に輸入する意図である。LNG船とFPSOが多い点は、日本企業のプロジェクトファイナンスの特徴である。この特徴は、いわゆる邦船3社[47]がLNG船事業に注力していることと、FPSO事業で強みを発揮する三井海洋開発の存在によるといっていい。さらに、2012年度に日立製作所が関与した英国鉄道プロジェクトがあるが、これは事業分野としては珍しい。日本の新幹線技術を輸出した台湾新幹線は07年に開業してい

46　「第3章第1節第2項　プロジェクトファイナンスの市場」を参照。
47　邦船3社とは日本郵船、商船三井、川崎汽船の3社を指す。

図表23 日本企業によるプロジェクトファイナンス事例（2012年度）

年月	日本企業名	海外投資事業概要	融資金額
2012.6	三井物産	モロッコ石炭火力発電所	3.6億米ドル
2012.7	日立製作所	英国鉄道プロジェクト	22億英ポンド
2012.10	商船三井	中部電力向けLNG船	160億円
2012.10	電源開発	タイ・ウタイ・ガス焚き火力発電所	約12億米ドル
2012.12	国際石油開発帝石他	豪州イクシスLNG	200億米ドル
2012.12	三井物産	カナダC2C（風力・太陽光）発電所	約8億加ドル
2013.3	三菱商事	チリ・コクラン石炭火力発電所	10億米ドル
2013.3	三井海洋開発、三井物産、商船三井、丸紅	ブラジル・ペトロブラスFPSO（Iracema Norte鉱区）	11.7億米ドル

（出典） 各社のHPおよび国際協力銀行のHPを参考に筆者作成

るが、日本の鉄道を大規模に輸出する事例はそれ以来ということになる。もっとも、台湾新幹線の資金調達にはプロジェクトファイナンスは利用していない。

(2) 地　域

　日本企業がプロジェクトファイナンスを利用している地域に注目してみると、中東、豪州、南米、アジアが多い。中東は発電事業と淡水化事業、豪州と南米は資源開発事業、アジアは発電事業といった具合に、実は地域ごとに事業内容の特徴がある。発電事業や淡水化事業は、日本の技術力や資金力を生かした海外投資事業という色彩が強い。一方、資源開発事業は海外投資事業であるとともに、そこで産出される生産物を日本に輸入する目的も併せ持っている。なお、日本に地理的に近いアジアの案件が必ずしも多くはない点が意外な結果と思われるかもしれない。これは、日本企業のアジアにおける海外投資事業活動が活発ではないということではない。日本企業のアジアでの事業活動は全般に活発ではあるが、プロジェクトファイナンスが成立するケースはあまり多くはないということである。アジアではインフラ開発の

図表24　日本企業によるプロジェクトファイナンス事例（2013年度）

年月	日本企業名	海外投資事業概要	融資金額
2013.6	出光興産、三井化学	ベトナム・ニソン製油所・石油化学プロジェクト	50億米ドル
2013.7	住友商事	オマーン・アルグブラ淡水化プロジェクト	約2億米ドル
2013.9	三井海洋開発、三井物産、丸紅、商船三井	ガーナ・TEN油田向けFPSO	約8.5億米ドル
2013.10	日本商社	豪州風力発電プロジェクト	約1.8億豪ドル
2013.11	丸紅	チリ・アントコヤ銅鉱山開発	6.5億米ドル
2013.11	川崎汽船	中部電力向けLNG船	約122億円
2013.12	三菱商事、東京電力	タイ・カノム4ガス発電所	約6.2億米ドル
2013.12	住友商事	クウェート・アッズールノースIWPP	約14.3億米ドル
2014.3	丸紅	豪州ロイヒル鉄鉱石開発	72億米ドル
2014.3	伊藤忠商事、九州電力	インドネシア・サルーラ地熱発電	11.7億米ドル

（出典）　各社のHPおよび国際協力銀行のHPを参考に筆者作成

ニーズが強い。そのなかでも、プロジェクトファイナンスになじみやすい発電事業のニーズは少なからずある。アジアの新興国で電力供給状態が芳しくない国はあまた存在するのであるから当然である。しかしながら、プロジェクトファイナンスの成立要件を充足しないことが多い。その最大の原因は当該国の信用力が強くない、つまりソブリンリスクが大きいという点と、外国資本（アジアの国々にとっては日本企業も外国資本）の投資を受け入れる法制等の制度設計が遅れているということができる。

(3) 日本企業の業種

最後に、プロジェクトファイナンスを利用している日本企業の業種をみておく。プロジェクトファイナンスを頻繁に利用するのは、永年総合商社である。これに続いて、今世紀に入ってから電力会社・ガス会社が続く。電力会社は海外での発電事業に参画して収益機会を広げるとともに、国内での発電

燃料となる天然ガスの調達に資するため海外の液化天然ガス事業にも参画するようになった。ガス会社も同様の理由で海外の液化天然ガス事業への事業参画に熱心である。電力・ガス会社が液化天然ガス事業に参画するメリットは少なくとも2つあると考えられている。1つは、液化天然ガスの調達確保である。事業自体に出資することによってバイヤーとしての地位を強固にする。それによって液化天然ガスの安定的な調達確保を実現する。もう1つは、液化天然ガス価格上昇時のコスト相殺効果である。液化天然ガス価格が上昇するとバイヤーとしては出費が増える。一方で、液化天然ガス価格が上昇すると液化天然ガス事業の利益が増える。利益が増えれば出資者に対する配当金も相応増える。つまり、液化天然ガス価格が上昇するとバイヤーとしては出費が増えるが、出資者としては配当金が増える。バイヤー兼出資者という両者の立場をとれば、液化天然ガス価格上昇時の出費増加分の一部が配当金増加のかたちで相殺されるということである。これがコスト相殺効果である。

　さて、総合商社、電力・ガス会社に続くのが資源エネルギー関連会社である。液化天然ガスを運搬するLNG船の事業に熱心な邦船3社、FPSO事業に特化する三井海洋開発、それから豪州イクシス液化天然ガス事業を推進する国際石油開発帝石などがその例である。日本の資源エネルギー関連会社の最新事例としては、2013年に出光興産がベトナムで大型石油精製所・石油化学事業向けのプロジェクトファイナンスを成約している[48]。国際石油開発帝石にとっても、出光興産にとっても、自らが主導した海外投資事業でプロジェクトファイナンスを利用するのはそれぞれ初めてのことである。海外でプロジェクトファイナンスを利用する日本企業の業種が拡大・拡張してきた点は昨今の特徴である。これは、日本企業の海外進出の形態が多くの業種で海外事業投資の段階にまで到達してきていることと軌を一にしているといえる。

---

[48] 2013．6．5付同社プレスリリース http://www.idemitsu.co.jp/company/news/2013/130605.html および2013．6．5付同社プレスリリース http://www.jbic.go.jp/ja/information/press/press-2013/0605-6374参照。

第2項　邦銀の動向

　プロジェクトファイナンス市場における邦銀の動向について、みておきたい。2008年に発生したリーマン・ショックで金融界は一変した。加えて、翌年のギリシャ危機を発端とする欧州危機で金融界はさらに動揺した。それまでプロジェクトファイナンス市場で最も活発に業務を推進していたのは欧州系の銀行である。プロジェクトファイナンス市場は、欧州系の銀行が市場シェアのおよそ半分以上を占めていた。しかし、欧州危機以後、欧州系銀行は戦線の縮小を余儀なくされた。国際協力銀行副総裁渡辺博史氏（現総裁）は、2013年3月、「欧州系銀行が国際融資業務で元に戻るにはあと3年くらいかかるだろう」[49]と述べている。この欧州系銀行の抜けた穴を埋めているのが日本の銀行である。邦銀とりわけメガバンク3行の国際融資業務の伸長は著しい。

　図表25は、プロジェクトファイナンスのいわゆるリーグテーブルで、プロジェクトファイナンス案件を多く採り上げた民間銀行上位5行を示している。上が2008年、下が12年のリーグテーブルである。上の08年のリーグテーブルをみると、上位5行中日本の銀行が一行（三菱東京UFJ銀行）だけ入っている。順位は第5位である。それ以外の上位4行はすべて欧州の銀行である。ところが下の12年のリーグテーブルをみると、上位5行中日本の銀行が3行入っている。しかも、順位は1位、2位、4位と上位を独占している。リーマン・ショックおよび欧州危機以後の邦銀メガバンク3行は国際融資業務の伸長が著しく、海外のプロジェクトファイナンス市場でも例外ではない。

　図表26は、2006年以来の邦銀メガバンク3行の海外収益比率の伸長を示している。特に、3行とも10年以降海外収益比率が急伸している。これは、前述したリーマン・ショックや欧州危機の発生時期と符合する。邦銀メガバン

---

[49] 日本経済新聞 2013.3.25朝刊。

図表25　プロジェクトファイナンスのリーグテーブル

2008
	Total Value (US$m)	Number of Transactions
BNP Paribas	13,886	118
Royal Bank of Scotland	9,558	77
Dexia Group	8,101	85
Credit Agricole Group	6,754	58
Bank of Tokyo-Mitsubishi UFJ	6,211	62

2012
	Total Value (US$m)	Number of Transactions
Bank of Tokyo-Mitsubishi UFJ	6,624	62
SMBC	5,804	64
HSBC	3,561	37
Mizuho Financial Group	3,423	35
National Australia Bank	2,576	20

（出典）　Baker & McKenzie Power Shift（2013）

ク3行のなかでも三菱東京UFJ銀行は海外収益比率が40％に達する勢いである。

　さて、図表26を読み解くにあたって、邦銀の海外収益が主にどんな業務から得られているのかに少々目を向けておく必要がある。世界で広く商業銀行業務を展開する米国シティバンク（Citi Bank）や英国香港上海銀行（HSBC）は海外での法人業務に加え、個人の顧客を相手にするいわゆるリテール業務も海外で積極的に展開している。しかし、邦銀の海外業務ではリテール業務をこれまでほとんど行ってこなかった[50]。海外では、もっぱら法人向け業務

---

[50]　三菱東京UFJ銀行が米国西海岸に有するユニオン・バンクが唯一の例外である。もっとも、同行は2013年に5,000億円余を投じてタイのアユタヤ銀行を買収した。アユタヤ銀行買収はタイでのリテール業務進出でもある。2013．7．2付同行プレスリリースhttp://www.bk.mufg.jp/news/news2013/news0702.html参照。

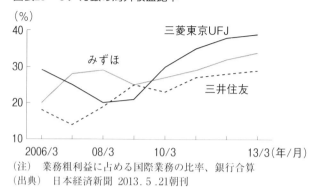

図表26　3メガ銀の海外収益比率

（注）　業務粗利益に占める国際業務の比率、銀行合算
（出典）　日本経済新聞 2013.5.21朝刊

に特化してきた。法人向け業務は行員数や支店網を最小限に抑えて運営することができるが、一方でリテール業務を一切行わないとなると法人向け融資に必要な資金を安価に調達できないという難点がある。邦銀の海外法人業務で必要になる融資の外貨建て原資は日本にある日本円預金を円投し外貨にするか、外債の発行、銀行間市場での調達などになる。資金調達面の問題はここでの論点ではないのでいったんおくが、邦銀の海外業務は法人業務に特化していることから、海外収益はもっぱら法人業務からあがっているということになる。そして、法人業務のうち収益割合の高いのが融資業務である。つまり、邦銀の海外収益比率が高いのは海外融資業務が活発に行われているためである。残念ながら、各邦銀とも海外融資の内訳を開示していない。したがって、筆者の推測になるが、邦銀メガバンク3行の海外融資残高のかなりの部分がプロジェクトファイナンスで、海外収益額に至っては融資残高比率以上をプロジェクトファイナンス業務が占めている可能性が高い。融資残高比率以上に収益額が多くなる理由は、プロジェクトファイナンスのプライシングが一般の企業向け融資よりもはるかに高いからである[51]。

以上要するに、邦銀メガバンク3行の海外収益比率が急伸しているのは海

---

51 「第3章第2節第2項　企業向け融資との比較」を参照。

外融資業務が伸長しているからであり、特に海外融資業務のうちプロジェクトファイナンスの融資が海外収益額に寄与する度合が大きいという点は注目に値する。

第4章

液化天然ガス事業向けプロジェクトファイナンスのリスク分析と対応策

第1節 スポンサーリスク

　スポンサーとは事業主のことを指す。厳密には、スポンサーとはプロジェクトファイナンスの借主となる特別目的会社への出資者である。したがって、スポンサーリスクとは事業主あるいは出資者にかかわるリスクである。プロジェクトファイナンスのレンダーの視点からスポンサーリスクという場合、事業主・出資者が次のような能力を備えているかどうかという諸点に分解して考えることができる。

(1) 事業遂行能力
(2) 出資金拠出能力
(3) 完工保証能力

(1) **事業遂行能力**
　事業遂行能力とは、当該事業を遂行する能力のことである。液化天然ガス事業を長期にわたって遂行する能力のことである。
　液化天然ガス事業は、歴史的に国際石油会社[1]（いわゆるオイルメジャー）が主導してきた。天然ガスの採掘は、石油の採掘と同様の技術を要する。20世紀初めまでは天然ガスの商業化が進まず、石油とともに産出される天然ガスの取扱いに苦慮した。現在でも地域によると石油とともに産出する天然ガスの取扱いを持て余し、爆発事故防止のために空気中で燃焼させてしまうこ

---

[1] 国際石油会社は、英語のInternational Oil Companies（IOCs）の邦訳である。国営石油会社（National Oil Companies, NOCs）と対比して使用されることが多い。オイルメジャーという言葉のほうが人口に膾炙している。国際石油会社の大手6社は、エクソンモービル社、ロイヤル・ダッチ・シェル社、BP社、トタール社、シェブロン社、コノコフィリップス社である。なお、国際石油会社はその技術力・資金力・経営力等で依然国営石油会社を凌駕するが、国際石油会社が現在保有する石油・ガスの埋蔵量の総量は全世界の埋蔵量の10％に満たない。全世界の石油・ガス埋蔵量の約7割は国営石油会社が保有している。国際石油会社と国営石油会社の保有する埋蔵量については、伊原賢「坑井仕上げの進化—シェールガス開発技術のタイトオイル開発への適用」（2011.1、JOGMEC石油調査部資料）参照。

とがある。また、いったん外気中に出た天然ガスを地中に再注入し石油の産出を促すこともある。天然ガスの商業利用が進むのは20世紀に入ってからであり、さらに天然ガスを液化して遠方に輸出する事業（つまり液化天然ガス事業）が本格化するのは1960年代以降である。天然ガス事業は石油事業から派生したものであり、液化天然ガス事業は天然ガス事業から派生したものである。したがって、液化天然ガス事業を主導してきたのは国際石油会社である。

　液化天然ガス事業は、初期の時代でもそして現在でも大規模な投資を要する。現在では、液化天然ガス事業の対象となるような大型のガス田は陸地にはまず存在せず、ほとんどが海洋に存在する。さらに近年では、非在来型と呼ばれるシェールガスや石炭層ガスが液化天然ガス事業のガス供給元となることもある。

　現在でも液化天然ガス事業は国際石油会社が主導する構図は変わっていない。したがって、液化天然ガス事業における事業遂行能力は国際石油会社が主導する限り、プロジェクトファイナンスのレンダーが問題視することはまずない。

(2) 出資金拠出能力

　出資金拠出能力とは、事業への出資金を拠出する財務的な能力である。事業への資金投下は、プロジェクトファイナンスによる借入金とスポンサーによる出資金からなる。液化天然ガス事業でプロジェクトファイナンスを利用した場合には、総事業コストの6割から7割程度を借入金とし、3割から4割程度を出資金とすることが多い。出資金拠出能力とは、この出資金部分を拠出するスポンサーの財務的な能力のことを指す。事業への資金投下の方法は、プロジェクトファイナンスによる借入金とスポンサーによる出資金との比率（借入金／出資金の比率）を常に保ちながら、プラント等建造物の建設の進捗に応じて行うのが通常である[2]。借入金／出資金の比率を保ちながら出

2　これを借入金／出資金のプロラタ（Pro Rata）拠出という。

資金を拠出することから、スポンサーの出資金拠出は当該事業の建設期間中続くということになる。液化天然ガス事業の関連設備（海上の天然ガス生産設備、ガスパイプライン、液化天然ガスプラント等からなる）は、いまや総額数兆円に及び、全設備が完成するまでの建設期間は４年以上に及ぶことも珍しくない。建設期間が４年以上に及ぶため、出資金拠出の財務的な能力を測るにあたっては出資金の金額の多寡に加え、４年以上にわたって出資金を拠出し続けることができるかという時間的な要素を斟酌する必要がある。

　もっとも、前述のとおり、液化天然ガス事業は国際石油会社が主導する場合がほとんどであるので、国際石油会社の出資金拠出能力に疑義が生じたことはない。出資金拠出能力を吟味しなければならないのは、国際石油会社とともに共同で出資している者についてである。より具体的には、財務的に弱小の共同出資者が事業に参加している場合に、この共同出資者の出資金拠出のリスクに対してプロジェクトファイナンスのレンダーはどのように対処したらよいのかということである。財務的に弱小の共同出資者の出資金拠出のリスクに対しては、少なくとも次の３つの対応策が考えられる。

(a)　先に出資金全額を拠出（Equity First）
(b)　連帯保証（Joint and Several Guarantee）
(c)　銀行の保証（Letter of Credit）

(a)　先に出資金全額を拠出（Equity First）
　プロジェクトファイナンスによる融資金を実行する前に、予定されている出資金の全額をスポンサーに拠出してもらうことができれば、プロジェクトファイナンスのレンダーは出資金が拠出されるかどうかのリスクをとらなくてすむ。プロジェクトファイナンスのレンダーとしては万全の対応策である。しかし、スポンサーにとっては融資金よりも先に出資金を全額拠出しなければならないということになれば、資金効率の点から問題なしとしない。しかも、出資金を融資金よりも先に拠出しなければならない理由が出資者のなかの一部の者が財務的に弱小であるということであれば、財務的に強力な

国際石油会社にとってははた迷惑なことこのうえない。つまり、この対応策はプロジェクトファイナンスのレンダーにとっては万全ではあっても、スポンサーのうち特に財務的に強力なスポンサーにとっては受け入れがたい対応策であるといえる。

(b) 連帯保証（Joint and Several Guarantee）

スポンサー間で出資金拠出義務につき、相互に連帯保証するのがこの対応策である。プロジェクトファイナンスのレンダーにとっては、スポンサーのうちの最も財務的に強力なスポンサー（国際石油会社）に最終的に依拠することができるので、この対応策もほぼ万全である。実例も少なくない。たとえば、某新興国で遂行されている液化天然ガス事業では国際石油会社が主導するが、同新興国の政府関連機関等も一部出資者として事業に参加する。しかし、出資金拠出能力が当該政府機関に備わっているか否かとなると、プロジェクトファイナンス・レンダーの懸念は尋常ではない。そこで、国際石油会社が同新興国政府関連機関の負担する出資金拠出の義務を連帯保証した経緯がある。国際石油会社が新興国で液化天然ガス事業を展開する場合に、ホスト国の政府関係機関がその経済的利益を確保するねらいで事業に参画する例は少なくない。しかし、ホスト国の政府関係機関は出資金を調達する能力に欠けるきらいがあり、国際石油会社がこれを支援するというものである。しかし、ここで少々疑問に思うのは、どうして国際石油会社は他のスポンサーの出資金拠出義務を連帯保証するのか。これは新興国における資源開発という文脈で考える必要がある。植民地時代などと異なり、国際石油会社が新興国で資源開発を行う場合には新興国側の利益や経済発展も斟酌する必要がある。国際石油会社は新興国での資源開発案件の経済性・収益性をみる際に、ホスト国となる新興国に対して支払う税金やロイヤルティー、事業権の一部付与、そしてここにあげた資金面での支援等ホスト国側に移転する経済的利益をすべて考慮している。そのうえで、自社の資源開発案件の経済性・収益性を判断している。ここで論じている出資金拠出の連帯保証だけをみてしまうと経済合理性に欠ける行為ではないかと疑問になるが、当該液化天然

ガス事業の経済性・収益性を総合的に判断して出資金拠出の連帯保証を引き受けている点は留意しておきたい。

　もっとも、上記のような新興国の事情が存在しないような場合（たとえば、スポンサーはすべて民間企業である場合）には、出資金拠出義務を相互に連帯保証することは容易ではない。財務的に強力なスポンサーが財務的に弱小のスポンサーを助けるだけの経済的に一方的な行為となりかねず、特段の取決めがなければ通常では成立しえない。ここで「特段の取決め」と留保した理由は、実は石油やガスの上流権益にはクロス・チャージ（Cross Charge）という制度があるからである。クロス・チャージというのは、石油やガスなどの上流権益を共同保有する者同士の取決めで、万が一そのうちの1社が開発資金を拠出することができなくなり他社がかわって資金拠出をした場合に、肩代わった者が資金拠出に失敗した者の保有する権益（の一部）を取得する制度である。このクロス・チャージの制度は、一部の権益保有者の資金拠出失敗をもって資源開発全体を滞らせないという利点がある。他者にかわって資金を拠出した者は、権益の追加取得により経済性を確保しうる。このクロス・チャージの制度を活用して上流権益をいわば担保としてスポンサー間で取決めを行い、液化天然ガス事業の出資金拠出義務を連帯保証することは十分考えられる。

(c)　銀行の保証（Letter of Credit）

　さて、出資金の拠出能力に疑念があった場合の3つ目の対応策は、銀行の保証をつけることである。財務的に弱小のスポンサーといえども、銀行との取引はあろう。親密な取引銀行の保証を取り付けることができれば、プロジェクトファイナンスのレンダーからみて万全の対策となる。また、銀行の保証は財務的に弱小なスポンサーの出資金予定金額だけにかかわるものなので、他のスポンサーにはなんら不利益はない。上述の出資金全額を先に拠出する方法や出資金拠出義務を連帯保証する方法は、財務的に強力なスポンサーにとっては不利益を被る方法である。したがって、財務的に強力なスポンサーから賛同してもらうことは通常は困難である。その点、この銀行

保証の手法は、財務的に弱小なスポンサーが他のスポンサーに迷惑をかけることなく問題を自己解決できる手法だといっていい。

　しかし、この銀行保証の方法にも難題が発生することがある。それはプロジェクトファイナンスのレンダーは、保証を発行する銀行の信用格付に条件を付すからである。通常米国の格付機関スタンダード・プアーズ社やムーディーズ社の長期信用格付でA（シングルA）以上の格付を有する銀行の保証を求める。たとえば、新興国で地元の民間企業が事業に出資者として参画している場合を考える。ホスト国政府との関係を円滑に保つ目的や環境問題および住民移転問題などへの対応の目的で、地元の民間企業が事業に参画する例は珍しくない。この企業は自国内の銀行としか取引していない可能性が高い。取引をしている銀行の長期信用格付は、到底A（シングルA）を取得していない。格付にはソブリンシーリングという考え方があり、企業や銀行の格付は母国のソブリン信用格付の水準を超えないという考え方である。新興国でソブリン信用格付がA（シングルA）以上という国は、まず存在しない。仮に存在していたら、それはもはや新興国とは呼べない。つまり、新興国の民間企業は自国の銀行から保証をとることができたとしても、保証を発行する銀行が十分な信用格付をもっていないので、銀行保証の条件を満たさない。さりとて、かような新興国の民間企業がA（シングルA）以上の信用格付を有する先進国の大手銀行から保証を発行してもらうことは容易なことではない。つまり、銀行保証の方法は他のスポンサーに迷惑をかけることなく出資金拠出能力を補完できる方法ではあるが、銀行保証を要するような財務的に弱小のスポンサーのなかには要件を満たす銀行保証を取り付けることができないことも多いのである。そうすると、銀行保証の方法を断念せざるをえず、上述の出資金を全額融資金よりも先に拠出する方法や連帯保証の方法などを再検討せざるをえないということになる。

(3)　完工保証能力

　完工保証能力とはスポンサーによる完工までの債務保証能力のことである。プロジェクトファイナンスはノンリコースを特徴とするが、実はプラン

ト等の事業設備が完工し操業を開始するまでは通常リコースである。つまり、完工まではスポンサーが債務保証をする。火力発電所向け案件では当初からノンリコースとする場合が少なくない。これは、ガス焚きや石炭焚きの火力発電所に限っては完工のリスクが小さいという経験則に基づき、完工保証を免除しているからである。プロジェクトファイナンスのなかでも完工保証を要しない数少ない例外である。液化天然ガス事業向けプロジェクトファイナンスでは完工までスポンサーの債務保証を要する。そこで、スポンサーの完工保証能力は十分かどうかを見極める必要が出てくる。

既述の出資金拠出能力での議論のとおり、液化天然ガス事業を主導するのは国際石油会社である。国際石油会社に関する限り、その完工保証能力についてはまず問題はない。問題があるとすれば、共同出資者として名を連ねる弱小スポンサーについての完工保証能力である。財務的に弱小のスポンサーがいた場合にどういう対応策があるのか。弱小スポンサーの完工保証能力に対する対応策は少なくとも2つある。銀行保証と連帯保証である。出資金拠出能力に疑義があった場合の対応策は3つあった。つまり、銀行保証と連帯保証に加え、出資金を融資金よりも先に拠出するという方法である。しかしながら、完工保証の場合には出資金拠出のように先行して資金を拠出するということができない。保証を先に実行するなどということはできない。完工保証金額相当の現金（預金）をあらかじめ積んで（用意して）おくという方法は理論的には考えられないでもないが、資金コストを考えると現実的ではない。そこで、完工保証能力に疑義のあるスポンサーがいた場合には、銀行保証か連帯保証で対応する。完工保証能力を補完する銀行保証の場合も、また連帯保証の場合も、内在する問題点は出資金拠出能力のところで論じた点と同じである。つまり、銀行保証の場合であれば、保証発行銀行の信用格付条件は満たせるかどうか、連帯保証の場合であれば、財務的に強力なスポンサーが連帯保証に応じるだけの経済合理性が見出せるかどうか、などが問題となる。

以上、スポンサーのリスクについて論じてきた。スポンサーというのはい

うまでもなく、事業主体である。事業主体が十分な事業遂行能力を有し、出資金拠出能力を有し、そして完工保証能力を有するのは大前提でなければならない。この大前提が時に一部欠如することがあれば、プロジェクトファイナンスのレンダーとしては対応策を講じなければならない。本節で論じてきた事業遂行能力、出資金拠出能力、完工保証能力については、なんらの対応策をも講じる必要がないことがプロジェクトファイナンス・レンダーの理想である。いずれかの能力に問題があるとするならば、それは事業主体（の一部）に問題があるということと同義である。事業主体（の一部）に問題が潜在していたならば、その事業がいずれ問題を顕在化させるのは火をみるより明らかだといわざるをえない。プロジェクトファイナンス・レンダーの語録には、「プロジェクトファイナンスはスポンサーに始まりスポンサーに終わる」という言葉がある。

第 2 節　完工リスク

本節は完工リスクについて論じる。順序として、(1)液化天然ガス事業の主要設備を概観し、(2)完工リスクの内容と、(3)完工リスクに対するレンダーの対応策をみる。最後に、(4)完工保証の終了について論じる。

(1)　液化天然ガス事業の主要設備

完工リスクとはプラント等の事業設備が完工するかどうか、完工して操業できる状態になるかどうかのリスクを指す。在来型[3]の液化天然ガス事業では、主要設備は少なくとも次のような3種類から構成される。

---

[3] ここで在来型と限定した理由は、近年非在来型ガス（シェールガスや石炭層ガスなど）を利用した液化天然ガス事業では、液化天然ガスプラントだけを操業する事業もみられるようになってきたからである。この場合にはここで説明するガス生産設備等は他の事業者の事業となる。この点については、「第5章第1節第1項　非在来型の天然ガス」を参照。

・ガス生産設備
・ガスパイプライン
・液化天然ガスプラント

1つ目はガス田でのガス生産設備である。近年陸上での新規大型ガス田の発見はほとんどない。液化天然ガス事業を推進するためには多量の天然ガス埋蔵量を有したガス田が必要である。そのような大型のガス田は、近年ではことごとく海洋で発見される。したがって、ガス生産設備は海洋で準備しなければならない。FPSOと呼ばれる浮体式ガス生産設備を利用して設備投資額を削減する工夫が行われている。

2つ目はガスパイプラインである。ガスパイプランを通じて海洋で生産されるガスを陸上にある液化天然ガスプラントへ運搬する。近年海洋で発見されるガス田の所在地は沿岸から遠方になりがちである。また、仮に直線距離では沿岸に近接していたとしても、当該沿岸周辺が天然の動植物の繁殖場所であれば、この環境を保護しなければならず、液化天然ガスプラントの建設場所を移転し、移転した分だけパイプラインの敷設距離を延伸するケース[4]もある。

3つ目は液化天然ガスプラントである。液化天然ガスプラントが液化天然ガス事業の心臓部である。なお、液化天然ガスプラントの建設については日本のエンジニアリング会社[5]が競争力を発揮している。エンジニアリング業界では昨今韓国勢や中国勢の追い上げが著しいが、液化天然ガスプラントについてはいまのところ両国の及ばないところである。

---

[4] 国際石油開発帝石が豪州で推進しているイクシス液化天然ガス事業では、海洋のガス田は最寄りの沿岸まで直線距離で300km程度であるが、最寄りの沿岸の環境を保護するため液化天然ガスプラントの建設場所を移設した。この移設のため、パイプラインの総延長距離は約900kmに及ぶ。本事例について「第4章第9節　環境リスク」でも取り上げる。豪州イクシス液化天然ガス事業の概要については「第5章第2節　液化天然ガス事業向けプロジェクトファイナンスの実例」を参照。
[5] 日揮と千代田化工建設が世界トップレベルの実績を誇る。

(2) 完工リスクの内容

　さて、具体的に完工リスクをみていくが、完工リスクは2つの側面からみることができる。それは完工遅延とコストオーバーランである。

　完工遅延は、文字どおり完工が予定よりも遅延することである。完工の遅延はさほど大きな問題ではない、遅れているだけでいずれ完工する、と考える向きもあろう。しかし、プロジェクトファイナンスにおける完工遅延は大きな問題を内包する。その理由は、プロジェクトファイナンスの対象となっている事業の資金調達において借入金の割合が大きいからである。液化天然ガス事業向けのプロジェクトファイナンスでは、総事業費のうち通常約6割から7割が借入金である。借入金の割合が約6割から7割に及ぶなかで、完工遅延が発生すると、この借入金に対する支払利息は完工遅延の分だけより多く負担しなければならない。加えて、完工遅延が発生しているので、プラントは操業を開始しえず収入は生まれない。つまり、完工遅延が発生すると、借入金に対する支払利息は予定よりも多く負担しなければならず、一方で操業が開始できないので収入は一切入ってこない。つまり、完工遅延の間はキャッシュフローがすべて持出しになる。これは通常大きな問題となる。

　コストオーバーランは、建設費用が予算を超過することである。事業主は着工するにあたり、建設会社と建設契約を交わす。その際、建設契約の契約金額は明記される。契約金額が明記されているのに、なぜコストオーバーランが発生するのか。その理由は、建設会社が受注する際、すべての建設業務について金額が固定しているわけではないからである。あるいは、金額は固定しているけれども、受注している業務範囲がある程度限定されているからである。大型の設備を建設するにあたっては、高台を削り低地を埋め平地を造成する。港湾の造成には浚渫も要する。つまり、土木工事の要素が少なからず存在する。土木工事の部分というのは自然を相手にするので、受注する建設会社も契約金額を固定するのがむずかしい。すでに造成の終わった広大な平地に既定のプラントを建設するだけであれば、建設代金の見積りは容易であろう。しかし、多くの事業では見積りの困難な土木作業の部分が少なか

らず存在する。こういう土木作業はコストオーバーランの原因となる。また、近年みられた液化天然ガス事業でのコストオーバーランの事例では、人件費の高騰が原因となった。建設現場では数年間の建設期間中に多くのエンジニア等を集中的に雇用するので、人件費が急騰することは珍しくない。

(3) 完工リスクに対するレンダーの対応策

　以上のような完工リスクに対して、プロジェクトファイナンスのレンダーはどのような対応策をとるのであろうか。実は、プロジェクトファイナンス・レンダーの完工リスクに対する対応策は簡潔にして明瞭である。それは、スポンサーの完工保証（債務保証[6]）を徴求するということである。つまり、完工するまでスポンサーの完工保証を徴求しておき、自らは完工リスクをとらない。完工するまではスポンサーに対するリコースローンとしておくのである。こうすることによって、完工遅延が発生してもコストオーバーランが発生しても、スポンサーに追加資金を投下させ問題を解決してもらう。万が一、スポンサーがなんらかの理由で完工を達成できなければ、最終的にはプロジェクトファイナンス・レンダーはスポンサーに融資の一括返済を求める。つまり、プロジェクトファイナンス・レンダーは、完工もしくは融資返済のいずれかを求める。液化天然ガス事業向けプロジェクトファイナンスにおいても、原則どおりであってプロジェクトファイナンス・レンダーは完工リスクをとらない。完工までスポンサーの完工保証を徴求するのが常である。ただし、注意を要するのは火力発電所向けプロジェクトファイナンスにおいては例外的に完工保証をプロジェクトファイナンス・レンダーが徴求しない場合が多い。これは火力発電所の完工リスクが経験的に大きくないことが実証されているためだと考えられる。

---

[6] ここで説明しているスポンサーの完工保証は債務保証である。建設会社（EPC Contractor）も建設契約（EPC契約）上で完工保証を規定している。しかし、建設会社が負担している建設契約上の完工保証は、建設契約上の義務を履行できなかった場合の損害賠償の支払を保証する内容を旨とする。損害賠償金額の上限は、通常建設契約金額の一部分（たとえば、20％程度）にとどまる。スポンサーの完工保証（債務保証）とはまったく保証内容が異なる。

(4) 完工保証の終了

　液化天然ガス事業向けプロジェクトファイナンスにおいて、プロジェクトファイナンス・レンダーはスポンサーから完工保証を徴求して完工リスクをとらないわけであるが、次に留意を要するのは、その完工保証はいつ、どのように終了するのかという点である。つまり、完工保証の終了（リリース）の問題である。

　プロジェクトファイナンスの融資契約書には、どういう条件を充足すればスポンサーの完工保証が終了するのかが記載される。完工保証終了の条件として一般的にあげられるのは次のようなものである。

・建設契約（EPC契約）上のProvisional Acceptance発生
・レンダー雇用のテクニカルコンサルタントによる完工状況の実地検証
・その他財務上の条件充足

　「建設契約（EPC契約）上のProvisional Acceptanceの発生」とは、通常物理的な完工（Mechanical Completion）と試運転（Commissioning）を終えて事業主にプラント等の建造物を引き渡すことを指す。この時から事業主によるプラント等の建造物の所有・操業・管理が始まる。Provisional（仮の）という言葉が使用されているのは、Final Acceptanceまで建設会社（EPC Contractor）の瑕疵についての責任が残り、建設代金の一部はFinal Acceptanceの時まで支払われないからである。通常Provisional AcceptanceからFinal Acceptanceまでは1年程度の期間がある。この間事業主はプラント等の建造物の操業を行い、不具合がないかどうかを確認することができる。

　次に、「レンダー雇用のテクニカルコンサルタントによる完工状況の実地検証」であるが、これはプロジェクトファイナンスのレンダーが外部の専門家を雇い、完工状況について実地での検証を行うことである。このような仕事を遂行する外部の専門家をテクニカルコンサルタントという。液化天然ガス事業のエンジニアの経験を有する専門家である。テクニカルコンサルタントは、建設会社が用意したさまざまな資料や報告書に目を通すとともに、現場に入って実地の調査を行う。必要があれば、建設会社の担当者や操業に従

事する担当者との面談も行う。そして、一連の調査・検証を終えると、レンダーに対して報告書を作成する。レンダーはその報告書の内容を確認して問題がなければ、本条件を充足したものとみなす。

最後に「その他財務上の条件充足」であるが、これには、①Debt Service Reserve Accountへの所定金額の入金や、②Debt Service Coverage Ratioの計画値の達成などが含まれるのが普通である。Debt Service Reserve Accountというのは、操業中にキャッシュフローが不足し借入金の返済に支障をきたしたときに備えて、所定の金額をあらかじめ入金しておく銀行口座のことを指す。入金しておく所定金額は、通常元利金返済金額の6カ月分である。つまり、Debt Service Reserve Accountに所定の金額を入金しておけば、万が一操業が停止しキャッシュフローが皆無になったとしても6カ月間元利金の返済をすることができるということになる。次に、Debt Service Coverage Ratioの計画値の達成であるが、これは操業開始の前後にあらためてキャッシュフロー表の更新を行い、借入金返済期間を通じてのDebt Service Coverage Ratioの計画値を算出して、所定の数値を達成するかどうかを確認するものである。なお、Debt Service Coverage Ratioは、借入金返済に充当できるキャッシュフロー金額を約定元利金返済金額で除して算出する[7]。借入金返済ごと（たとえば半年ごと）に算出するのが通常である。液化天然ガス事業では、Debt Service Coverage Ratioがたとえば2.0前後[8]であることが望ましい。

完工保証が終了するかどうかということは、借主/スポンサーにとっても、プロジェクトファイナンス・レンダーにとっても、非常に重要な節目である。完工保証が終了すれば、スポンサーは完工保証（債務保証）から晴れ

---

[7] Debt Service Coverage Ratioは、「元利金に充当できるキャッシュフロー」を「元利金返済金額」で除した商である。通常小数点第1位あるいは第2位までで表示する。「元利金に充当できるキャッシュフロー」は「税引き後利益＋減価償却＋支払利息」であるが、追加設備資金や運転資金の増加分があれば、さらにこれらも差し引く。

[8] Debt Service Coverage Ratioが2.0ということは、元利金に充当できるキャッシュフロー金額が元利金返済金額の2倍あるということである。

て免れるわけであり、プロジェクトファイナンス・レンダーにとってはいよいよノンリコースローンが開始しプロジェクト自体のリスクをすべて引き受けることになる。したがって、プロジェクトファイナンスにおいて、完工の達成ないし完工保証の終了は最も重大なイベントであるといっても過言ではない。

　プロジェクトファイナンスの案件での諸問題は、この完工の前後が最も発生しやすく、かつこの時期に問題が発生すると致命的になりかねない。この完工の前後に問題が発生しやすい理由は、これまでみてきた完工遅延やコストオーバーランが発生する時期だからである。完工遅延やコストオーバーランが発生すると、完工保証を提供していたスポンサーの力量が問われる。すでに第1節で論じたスポンサーリスクが顕在化しかねない。そして、完工遅延やコストオーバーランが発生すると、これらの問題を迅速に解決しない限り操業を開始することができない。操業を開始できなければキャッシュフローは生まれない。完工遅延やコストオーバーランが致命的になりかねないゆえんである。

　プロジェクトファイナンス・レンダーは、これらの完工リスクに対して、まずスポンサーの完工保証（債務保証）を徴求して万全を期すとともに、完工保証終了の条件を厳格に定義し、軽率に完工保証を終了させないという対応をとる。

第 3 節　埋蔵量リスク

　埋蔵量リスクは、ガス田に存在する天然ガスの埋蔵量が十分に存在するかどうかのリスクである。プロジェクトファイナンスではレンダーは埋蔵量リスクをとるのか、と疑問に思う向きがある。プロジェクトファイナンス・レンダーは埋蔵量リスクをとる。しかし、液化天然ガス事業を推進するにあたって事業主は超長期（たとえば、20年から30年）の事業計画を立てて開発に

着手する。液化天然ガス事業に充当するガス田の埋蔵量は通常桁違いに膨大である。したがって、ガスの埋蔵量の多寡がうんぬんされるようなガス田の規模であれば、そもそも事業主は液化天然ガス事業の推進をためらう。液化天然ガス事業には莫大な初期投資を要するので、ガスの埋蔵量が不足するかもしれないような懸念があるならば、事業主がまず液化天然ガス事業化を断念する。こういう事業主の経営判断は、プロジェクトファイナンス・レンダーが埋蔵量リスクを考えるうえで一助になる。もっとも、一助にはなるが、決定的な判断根拠にはならない。

十分な量の埋蔵量の水準というのは、事業主が求めるものとプロジェクトファイナンス・レンダーが求めるものとはおのずと異なる。事業主は自身の投資を回収しかつリターンを最大化できるかどうかに関心がある。一方、プロジェクトファイナンス・レンダーは供与する融資が確実に返済されるかどうかに関心がある。

(1) 埋蔵量の概念

埋蔵量リスクを考えるうえで、まず埋蔵量についての基本的な概念を整理しておきたい[9]。地球上に存在する石油やガスの埋蔵量を原始埋蔵量という。原始埋蔵量のうち、採掘可能な埋蔵量を可採埋蔵量という。可採埋蔵量の定義は、技術的（technically）にも経済的（economically）にも採掘が可能な埋蔵量である。技術的という点から、近年北米で水圧破砕や水平掘削の技術でシェールガスが商業生産されるようになったのは好例である。シェールガスはいまや可採埋蔵量に算入される。経済的という点から、石油価格の水準やガス価格の水準により可採埋蔵量は増減する。石油価格やガス価格が高い水準で推移すれば、可採埋蔵量はより多く見積もられる。原始埋蔵量と可採埋蔵量の関係を図示すると、図表27のとおりである。

可採埋蔵量はさらに、採掘できるかどうかの確度に応じて3分類される。

9　前出兼清『石油・天然ガス開発のしくみ』78頁以下。

図表27　原始埋蔵量と可採埋蔵量

（出典）　筆者作成

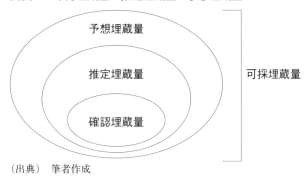

図表28　確認埋蔵量、推定埋蔵量、予想埋蔵量

（出典）　筆者作成

確認埋蔵量（proved reserves）、推定埋蔵量（probable reserves）、予想埋蔵量（possible reserves）の3分類である。これら3分類をP90、P50、P10と呼称することもある。この後者の呼称方法のうち数値はそれぞれ90％、50％、10％の確率で精度を示している。PはProbabilityからとったPである。確認埋蔵量、推定埋蔵量、予想埋蔵量の埋蔵量の精度も90％、50％、10％におよそ準じている。確認埋蔵量、推定埋蔵量、予想埋蔵量の概念を図示すると、図表28のとおりである。

　プロジェクトファイナンス・レンダーは、埋蔵量リスクを分析するにあたって確認埋蔵量だけをみる。推定埋蔵量や予想埋蔵量は斟酌しない[10]。推定埋蔵量や予想埋蔵量は事業主のための収益の上振れ要因である。確認埋蔵量は十分な量があるかどうか、確認埋蔵量の範囲内で事業を進めて借入金の

完済はできるのかどうか、こういう観点でプロジェクトファイナンス・レンダーは確認埋蔵量をみる。

(2) リザーブ・カバー・レシオとリザーブ・テール・レシオ

　プロジェクトファイナンス・レンダーは確認埋蔵量の十分さを検証する目的でリザーブ・カバー・レシオ（Reserve Cover Ratio）という指標やリザーブ・テール・レシオ（Reserve Tail Ratio）という指標を使用する。リザーブ・カバー・レシオは「当初の確認埋蔵量」を「借入金完済までに採掘を要する確認埋蔵量」で除した数値である。通常小数点第2位までで表示する。リザーブ・テール・レシオは、「借入金完済時に残存する確認埋蔵量」を「当初の確認埋蔵量」で除した数値である。通常百分率（％）で表示する。たとえば、リザーブ・テール・レシオは30％以上とする、とプロジェクトファイナンスの融資契約上で定める。その意味するところは、借入金を完済した時点でも当初の確認埋蔵量のうち30％以上を残存させよ、ということである。あるいは、当初の確認埋蔵量の70％以内の採掘で借入金を完済せよ、ということである。なお、「リザーブ・テール・レシオ30％以上」という事

図表29　リザーブ・カバー・レシオとリザーブ・テール・レシオ

■リザーブ・カバー・レシオ（Reserve Cover Ratio）

$$= \frac{\text{当初の確認埋蔵量}}{\text{借入金完済までに採掘を要する確認埋蔵量}}$$

■リザーブ・テール・レシオ（Reserve Tail Ratio）

$$= \frac{\text{借入金完済時に残存する確認埋蔵量}}{\text{当初の確認埋蔵量}}$$

（出典）　筆者作成

10　石油・ガスの埋蔵量の経済的価値やそこから生じるキャッシュフローに着目して行う融資の手法がある。リザーブ・ベース・ファイナンス（Reserve Based Finance）、あるいはリザーブ・ベース・レンディング（Reserve Based Lending）という。リザーブ・ベース・ファイナンス／レンディングにおいては、当該石油・ガス田が生産している場合に限って、確認埋蔵量に加え推定埋蔵量をも斟酌することがある。もっとも、レンダーが予想埋蔵量を斟酌することは通常はない。

例であれば、「リザーブ・カバー・レシオは1.43（1.0/0.7）以上」ということになる。リザーブ・カバー・レシオとリザーブ・テール・レシオを、それぞれ計算式で表すと、図表29のとおりである。

　リザーブ・カバー・レシオという指標とリザーブ・テール・レシオという指標の２つが存在するのはやや紛らわしい。両指標の使用目的は同一なので、実際に使用されるのはいずれかの指標１つである。両指標が同時に使用されることはない。筆者の見聞では、リザーブ・カバー・レシオは石炭・鉄鉱石・銅などの分野で使用される傾向が強く、リザーブ・テール・レシオは石油・ガスの分野で使用される傾向が強い。もっとも、借入金返済に十分な確認埋蔵量が存在するかどうかを検証する目的には変わりがないので、一方の指標を他方の分野が使用しても理論的には不都合はない。それぞれの業界の慣習にすぎないと考えられる。

　図表30には、リザーブ・テール・レシオ（点線）と借入金の返済推移（棒グラフ）の関係を例示しておく。リザーブ・テール・レシオは借入金完済の時点で一定の数値（たとえば、30％以上）を保つよう義務づけられる。した

図表30　リザーブ・テール・レシオと借入金返済

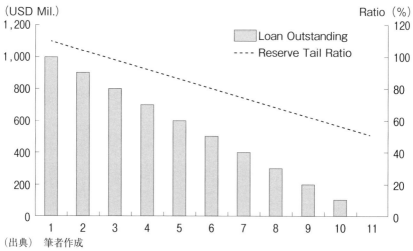

（出典）　筆者作成

がって、借入金残高が減少するほどにはリザーブ・テール・レシオは減少しない点がポイントである。

　プロジェクトファイナンス・レンダーがリザーブ・カバー・レシオやリザーブ・テール・レシオを使用して埋蔵量リスクをコントロールする背景について触れておきたい。資源開発案件に融資する者にとって、資源の埋蔵量を注視するのは当然である。埋蔵量が尽きたとき、当該資源開発案件も尽きる。埋蔵量が尽きる前に、事業主（借主）には借入金を完済してほしい。ところが、融資する者の観点から憂慮される点は、通常借入金の返済スケジュールは固定されているが、埋蔵量の採掘計画等はさほど固定していない点である。事業主（借主）は通常市場で生産物価格が上昇すれば、生産計画を前倒しにしてでも採掘を増やし生産量を上げようとする。それによって事業収入を増やすことができる。事業主（借主）のこういう行為は事業家として当然である。一方、融資している者の観点から問題なのは、事業収入が増加したとしても、必ずしもその一部が借入金の期限前返済に充てられ借入金残高が減少するとは限らないことである。なぜなら、借入金の返済スケジュールは原則固定している。いわゆる期限の利益は債務者のためにある。事業収入の増加は、（生産物価格の上昇もさることながら）資源の埋蔵量を前倒しで採掘した結果でもある。資源の埋蔵量が計画比以上に採掘されているのに、借入金残高が減少しないような事態は避けたい。極端な例をあげれば、生産物価格が上昇したので、事業主（借主）は生産計画を大幅に前倒しし短期間のうちに資源の埋蔵量の過半を採掘したとする。そういう際に、借入金残高がほとんど減少していないとしたら、どうなるであろうか。レンダーはこういう事態の発生を回避したいと思っている。つまり、リザーブ・カバー・レシオやリザーブ・テール・レシオは、レンダーの観点から、埋蔵量の水準と借入金の水準との関係を規律するために用意されているものだということである。

　さて、リザーブ・カバー・レシオとリザーブ・テール・レシオについては、その具体的な算出の際に留意を要する点がある。それは計算式のなかに

量（埋蔵量）と金額（借入金）が混在している点である。リザーブ・カバー・レシオにおける「借入金完済までに採掘を要する確認埋蔵量」やリザーブ・テール・レシオにおける「借入金完済時に残存する確認埋蔵量」というところにそれぞれ注目したい。たとえば、前者の「借入金完済までに採掘を要する確認埋蔵量」はどうしたら算出できるのか。それは生産物の価格がわからなければ算出できない。液化天然ガス事業の場合であれば、天然ガスの価格がわからなければ算出できない。リザーブ・カバー・レシオもリザーブ・テール・レシオも、事業期間にわたる数値を求める。したがって、ここでいう天然ガス価格は将来の天然ガス価格を指す。つまり、「借入金完済までに採掘を要する確認埋蔵量」は将来の天然ガス価格がわからなければ算出できない。「借入金完済時に残存する確認埋蔵量」もまた同様である。リザーブ・カバー・レシオもリザーブ・テール・レシオも、それぞれ1.40以上や30％以上という数値で借主と貸主が合意することは実はむずかしくない。それぞれのレシオの常識的な数値水準については業界内でほぼコンセンサスがある。むずかしいのは、それぞれのレシオを算出するために、将来の生産物価格（天然ガス価格）をどのような水準に想定するのかを両者が合意することである。借主は楽観的な価格見通しを主張し、貸主は悲観的な価格見通しを主張するのが常である。そこで実務的には、価格見通しについて両者の合意が得られなければ、外部のコンサルタントの意見を聴取するなどして合意形成を図る。

　以上、埋蔵量リスクについてみてきた。プロジェクトファイナンス・レンダーは埋蔵量のリスクをとる。しかし、埋蔵量リスクに対する対応策は、二重三重の防壁でレンダーを守っている。まず、液化天然ガス事業自体が膨大な天然ガスの埋蔵量が確認できなければ、事業主は事業推進を決断しない。万が一破綻の際にはレンダーの融資金より事業主の出資金のほうが劣後するのだから、埋蔵量のリスクをめぐって事業主の判断はレンダーにとって参考になる。次に、埋蔵量を確度によって3分類し、そのなかで最も確度の高い

確認埋蔵量のみをもってレンダーは融資判断をする。さらに、その確認埋蔵量をベースに、リザーブ・カバー・レシオやリザーブ・テール・レシオという指標を利用し、確認埋蔵量の一部分でもって融資が完済されるよう最後の防壁を用意する。埋蔵量リスクに対するプロジェクトファイナンス・レンダーの対応策には、複数のプロテクションが巧みに用意されており、プロジェクトファイナンスのリスク対応策のなかでも出色といっていい。

第4節　操業リスク

　操業リスクとは、事業の操業においてなんらかの問題が発生するリスクである。液化天然ガス事業においては、ガス田生産、ガスパイプライン、液化天然ガスプラントそれぞれの操業においてなんらかの問題が発生するリスクである。ガス田生産事業やガスパイプライン事業の歴史は石油生産事業の歴史には及ばないが、それでも長い歴史がある[11]。液化天然ガスプラントも1960年代に商業化が軌道に乗り、米国アラスカから日本へ液化天然ガスが初めて輸入されたのは69年である[12]。爾来液化天然ガス事業の大規模な事故例は報告されていない。プロジェクトファイナンスにおいて、液化天然ガス事業の操業リスクは高くないという認識が定着しているといってよい。

　もっとも、事業主と操業者（オペレーター）との間には操業委託契約（Operation & Maintenance Contract）が存在するのが普通である。操業者を選ぶにあたっては、操業者の既往の操業実績や操業能力が問われるのはいうまでもない。操業者のインセンティブのために、操業実績に応じて報酬を調整する（ボーナスの賦与）ことも行われている。また、操業実績が不芳な場合に

11　前出兼清『石油・天然ガス開発のしくみ』161頁によると、1872年には米国ペンシルバニア州タイタスビルから10kmほど離れた村に米国最初のガスパイプラインが敷設されたという。

12　前出兼清『石油・天然ガス開発のしくみ』162頁。

は事業主が操業者を解雇できるよう事業主の契約解除権も通常明記される。プロジェクトファイナンス・レンダーは、操業契約上の権利についても担保取得する。プロジェクトファイナンス・レンダーは、借主の物権的権利（主として所有権）のみならず債権的権利（主として契約上の請求権）にも担保取得するからである[13]。

第5節　技術リスク

　技術リスクとは、事業に使用する主要な技術に関連するリスクのことである。液化天然ガス事業でみると、天然ガスを開発・生産する技術や天然ガスを液化する技術などにかかわるリスクである。プロジェクトファイナンス・レンダーは通常技術リスクをとらない。たとえば、商業化の実績に乏しい新技術を使用した製造設備の建設資金にプロジェクトファイナンスの手法で融資することはまずない。その理由は、商業化実績に乏しい新技術については評価ができないからである。新技術を使用した製造設備が中長期的に問題を起こさず稼働するのかどうか、そういう類のリスクを評価するにはプロジェクトファイナンス・レンダーは適任ではない。プロジェクトファイナンス・レンダーが得る融資のリターンは主にローン・マージンであるが、このローン・マージンの水準はとても新技術のリスクをとるには見合わない水準である[14]。リスク・リターンの観点から、プロジェクトファイナンス・レンダーが新技術のリスクをとるのは合理的ではない。新技術に明るいベンチャー・キャピタルやファンドなどが資金を出すのとはわけが違う。プロジェクトファイナンス・レンダーは通常商業銀行であり、ベンチャー・キャピタルやファンドではない。

---

[13] 「第3章第1節第1項　プロジェクトファイナンスの定義」を参照。
[14] 　プロジェクトファイナンスのマージンは、たとえば年率300bp（3.00％）程度である。「第3章第2節第2項　企業向け融資との比較」を参照。

図表31　浮体式液化プラントの完成予想図

（出典）　http://www.shell.com.au/

　液化天然ガス事業にかかわる新技術という点では、浮体式液化プラント（Floating LNG）について触れておきたい[15]。浮体式液化プラントは、これまで陸上に建設していた液化天然ガスプラントを洋上に建設しようというものである。具体的には大型の船舶のような洋上に浮く設備の上に液化天然ガスプラントを備え付ける（図表31参照）。ロイヤル・ダッチ・シェル社等が実現に向け本格的に検討している[16]。

　近年液化天然ガス事業に供給する天然ガスはほとんど海底ガス田から産出されるものである。したがって、これまでは海底ガス田から産出される天然ガスをガスパイプラインで陸上まで運搬し、陸上にある液化天然ガスプラントで液化する。ガス田が所在する場所は沿岸から遠方にあることも少なくなく、ガスパイプラインの敷設距離は短くない[17]。さらに、ガスパイプラインと液化天然ガスプラントは恒久的な設備である。数十年後に液化天然ガス事

15　浮体式液化プラントについては、永井一聡「フローティングLNGへの期待と最近の動向」（『石油・天然ガスレビュー』2013年9月号）を参照。
16　ロイヤル・ダッチ・シェル社は、2011年5月西豪州のプレリュードガス田で浮体式液化プラント事業の推進を発表している。http://www.shell.com/global/aboutshell/major-projects-2/prelude-flng/overview.html参照。
17　国際石油開発帝石が、西豪州で推進中のイクシス液化天然ガス事業では総延長距離約900kmに及ぶガスパイプラインを敷設する。「第4章第9節　環境リスク」を参照。

業が終焉した際には、すべて撤去する等の作業を要する。原状回復の費用もばかにならない。浮体式液化プラントは、ガスパイプラインの敷設を不要とし、陸上の液化天然ガスプラント建設も不要とするものである。海底ガス田から産出された天然ガスを、洋上の設備の上で液化し一時貯蔵タンクに保管、一定量まで達すると、LNG船に液化天然ガスを運び出してもらう。つまり、洋上でガス生産と液化の両方の工程を行う。これまでの「ガス生産－ガスパイプライン－液化天然ガスプラント」という事業モデルを、洋上で完結するきわめて画期的な事業モデルに塗り替えるものである。浮体式液化プラントの事業モデルは、ガスパイプラインや陸上の液化天然ガスプラントを不要とするので総投資金額を抑制することができ、恒久施設が不要となるので環境面でも望ましい。さらに、浮体式液化プラントは、１つの場所から他の場所へ移動させ再利用もできる可能性があるので、コスト面でさらに優位性を発揮する。

　浮体式液化プラントが液化天然ガス事業のイノベーションとなるのは、遠い将来の話ではない。そこで浮体式液化プラント事業に対して、従前の液化天然ガス事業同様に建設資金の一部をプロジェクトファイナンスのかたちで調達することができるのかという点が問題になる。浮体式液化プラントはまだ商業化実績はない。皆無である。損害保険会社は浮体式液化プラントについて「既存の技術の融合ではあるが、完成して操業しているものは存在しない」「初めてのリスク」であるとし、具体的に揺動リスクなどの問題点を指摘している[18]。揺動リスクというのは、浮体式液化プラントが洋上で常に波に揺れる環境のなかで中長期的になんらかの問題が発生するかもしれぬリスクのことである。損害保険会社は、浮体式液化プラントに損害保険の引受けができるかどうかという観点でその技術的なリスクを見極めようとしている。プロジェクトファイナンス・レンダーにとっても、浮体式液化プラント

---

[18] 2013年10月18日、国際協力銀行で開催された「FLNGプロジェクトセミナー」（主催：海外投融資情報財団他）での東京海上日動火災保険・阿部俊介氏の講演ならびに講演資料。

のもつ技術的なリスクは難題である。損害保険会社の指摘している諸点は、すべてプロジェクトファイナンス・レンダーも共有するものである。つまり、既存技術の融合といえども操業実績が皆無なこと、揺動リスクが計り知れないことはいずれもリスク評価を困難にする。プロジェクトファイナンス・レンダーは新技術のリスクをとらないという基本的な考え方に立ち返れば、浮体式液化プラントのもつ技術リスクは操業実績が積み上がるまでプロジェクトファイナンス・レンダーの手に余るリスクだと結論せざるをえない。

第6節 販売リスク

　販売リスクは事業の生産物が販売できるかどうかのリスクである。液化天然ガス事業においては液化天然ガスが生産物である。販売リスクを考えるうえでは、まず量と価格の両面でみていく必要がある。量と価格の積が事業収入になるわけであるから、どちらか一方を充足するだけでは不十分である。適切な価格で生産物全量を販売できることが最も望ましい。さらに、販売先が信用力のある先かどうか、生産物代金の回収に難渋するようなことはないか、将来販売先が破綻するようなことはないか等販売先の質の問題も軽視できない。以下、(1)販売量—長期販売契約の存在、(2)液化天然ガス価格、(3)販売先の信用力、それぞれについてみていく。

(1)　販売量—長期販売契約の存在

　液化天然ガス事業においては、通常長期間にわたる液化天然ガス販売契約が締結される。事業主は、液化天然ガスの販売契約締結の見通しが立たないと事業に着手することはない。計画生産量に対して全量の販売契約締結は必要ないとしても、大半について（たとえば、計画生産量の70〜80％程度）販売契約の締結に見通しを立ててから事業投資を決断するのが普通である。その理由は、液化天然ガス事業の初期投資金額が非常に大きいこと、液化天然ガ

図表32　液化天然ガスの販売契約期間

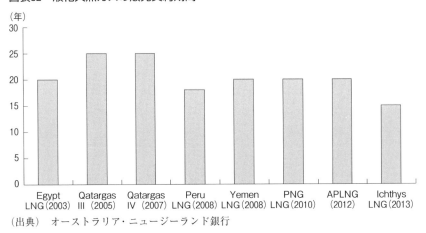

（出典）　オーストラリア・ニュージーランド銀行

ス市場はスポット取引の割合が少なく（スポット取引の割合は現在20％程度[19]）売り手と買い手が長期契約でつながっていることなどによる。したがって、事業投資を決定するまでには販売先および販売量について、およそメドが立っている。この点は液化天然ガス事業の特長でもある。この点から、液化天然ガス事業の販売リスクはそもそも軽減されているということができる。

　最近10年のうちに事業着手を決めた液化天然ガス事業8件について、長期販売契約の契約期間を調べてみると、ほとんどの契約期間が20年～20年超である。1件だけ契約期間15年のものがあるが、それ以外はすべて20年～20年超の長期間にわたる販売契約が存在する。液化天然ガス事業8件の長期販売契約の期間について取りまとめた一覧表は、図表32のとおりである。

(2)　液化天然ガス価格

　液化天然ガスの価格についてであるが、日本やアジアに輸出される液化天然ガスの価格は現行原油価格にリンクしている。液化天然ガスの過半は日本やアジア向けである。したがって、アジア向け販売を企図する液化天然ガス

---

[19]　日本経済新聞　2013.3.6朝刊。

事業者は、将来の原油価格見通しに基づいて液化天然ガス事業の計画を立案する。日本を含むアジア市場で液化天然ガスの価格が原油価格にリンクしている点は、プロジェクトファイナンス・レンダーにとっても将来のキャッシュフローを予想するうえで分析上好都合である。

(3) 販売先の信用力

さらに、販売先の信用力についてみると、液化天然ガスを長期にわたって購入するのは各国の大手電力会社やガス会社である。日本では東京電力、関西電力、中部電力等の大手電力会社や東京ガス、大阪ガス等の大手ガス会社である。福島第一原子力発電所事故で対応に追われている東京電力は例外であるが、それ以外の日本の大手電力会社やガス会社は長期信用格付でA（シングルA）やAA（ダブルA）を取得しており信用力は申し分ない。液化天然ガスの購入者の信用力の高さは、他国の場合にも同様のことがいえる。液化天然ガスを輸入するほかのアジアの国は韓国、台湾、中国、インドなどであるが、いずれの場合も国を代表する電力・ガス会社等が液化天然ガスの購入者となっている。もちろん、国を代表する電力・ガス会社といえども、20年にもわたる超長期の信用力を判断するのは容易ではない。長期信用格付の水準は長期間の間には変動することもあろう[20]。しかし、液化天然ガス購入者の長期にわたる信用力という観点で重要な点は、購入者である電力・ガス会社の背後にガス焚き火力発電所で発電した電力や気化させたガスを常時消費する需要者がいるということである。電力・ガスの最終需要者が存在すること、そして最終需要者が電力・ガス代金の支払能力があること、これらの要件を満たすことが重要である。そういう意味では電力・ガス会社は液化天然ガスの購入者ではあるが、エージェントとみなすこともできる。真に重要なのは、液化天然ガスを購入する国全体の支払能力であり、ひいては総合的な国の経済力や経済成長力である。

この点は、福島第一原子力発電所事故以後の東京電力の事例が如実に示し

20　東京電力の長期信用格付は、福島第一原子力発電所事故を機に悪化した。

ている。福島第一原子力発電所事故を機に、東京電力の財務内容は悪化し長期信用格付も格下げを余儀なくされた。しかしながら、液化天然ガスの購入者としての地位にほとんど影響や変化はない。液化天然ガス事業者が東京電力への液化天然ガスの販売を忌避するような事態にも至っていない。液化天然ガス事業者は、東京電力に液化天然ガスを販売するということは首都圏の最終需要者に販売するということとほぼ同義にとらえている。東京電力はエージェントであり、首都圏の最終需要者がプリンシパルである。したがって、液化天然ガスの代金回収に問題が発生するとは毛頭考えていない。日本には燃料費調整制度[21]もあり、液化天然ガスの価格の値上りは最終需要者へ転嫁もできる。

　さて、以上みてきたとおり、液化天然ガス事業における販売リスクは、事業のもつ特殊性から生来的に軽減されている。長期販売契約によって、販売量および販売先が長期間にわたって固定する。液化天然ガスの価格は原油価格にリンクする。販売先は各国の大手電力・ガス会社である。プロジェクトファイナンス・レンダーは長期販売契約の存在や契約内容を精査し問題のないものであることを確認する。これらの諸点が確認できれば、販売リスクに対する対応策は必要にして十分である。液化天然ガス事業にプロジェクトファイナンスの相性がよいといわれるゆえんの1つは、この販売リスクが事業特性からあらかじめ軽減されているからである。

第 7 節　金利・為替リスク

(1)　金利リスク

　金利リスクは金利水準が上昇して支払利息額が増加するリスクである。通

---

[21] 燃料費調整制度とは燃料費（石炭、石油、天然ガスの購入費用）の上昇を最終需要者に転嫁できる制度である。東京電力のHP、http://www.tepco.co.jp/e-rates/individual/fuel/about-j.html参照。

常米国ドル建ての融資は、「Libor+マージン」というかたちで借入金の金利水準が決まる。Liborの水準は市場で決まるので、これにマージンを乗せた借入金の金利水準は常に変動する。金融緩和が起これば通常Libor水準が低下し、金融引締めが起こればLibor水準は上昇する。借主とレンダーが合意するのはマージンの水準である。「Libor+マージン」の借入金の金利水準が最終的にどうなるかはLiborの水準次第である。

液化天然ガス事業向けプロジェクトファイナンスは、通常米国ドル建てで資金調達が行われる。出資金と借入金の割合はおよそ出資金3割から4割、借入金6割から7割である。借入金の割合は大きい。借入金の割合が大きいので、借入金の金利水準が上がってくると借入金の利息支払の負担は増す。利息支払が増えた分だけ、キャッシュフローは減少する。金利上昇リスクへの対応を望むのは、事業主（借主）だけではない。プロジェクトファイナンス・レンダーも同様である。

金利リスクへの対応策は、金利スワップを行い、金利を固定化することである。金利スワップによって、「Libor+マージン」のうちLiborの部分を固定化することができる。米国ドル建てであれば、多額で長期に及ぶ金利スワップも実際に可能である。

さて、金利リスクを考えるうえでは、「電力型」の案件と「資源型」の案件とを峻別することが重要である[22]。事業収入が安定している「電力型」案件については、プロジェクトファイナンス・レンダーは借主に金利の固定化を条件づけることが多い。なぜならば、事業収入が安定している「電力型」は一般にDebt Service Coverage Ratioが低いからである。たとえば、1.50前後である。事業収入の変動は大きくないので、借入金の返済にはこの程度で支障をきたさない。しかし、Debt Service Coverage Ratioが高くはないので、金利が上昇した際のキャッシュフローの耐性は強くはない。したがって、金利スワップを利用し金利の固定化を図る。そうすることによって、金

---

22 「電力型」と「資源型」については、「第3章第3節第1項 プロジェクトファイナンスの類型」を参照。

利リスクを回避する。

　一方、「資源型」案件は事業収入が元来安定的ではない。液化天然ガス事業の場合であれば、天然ガスの価格次第で事業収入は大きく変動する。そのため、Debt Service Coverage Ratioは、あらかじめ相応高い水準にある。たとえば、2.00前後である。Debt Service Coverage Ratioが高いので、金利が上昇した際のキャッシュフローの耐性も強い。Debt Service Coverage Ratioを高めにしておくことにより、事業収入の変動はもとより金利の変動への耐性も強くなる。こういう事情があるので、プロジェクトファイナンス・レンダーは「資源型」案件に対しては金利の固定化を条件づけることは通常しない。借主側も金利の固定化を条件とされることを嫌う。金利スワップには相応のコストがかかるので、借主としても無用なコストはかけたくないと考える。

　「電力型」「資源型」の峻別からみた事業収入の安定度ならびにDebt Service Coverage Ratioの高低と、金利変動リスクに対する耐性の関係を図

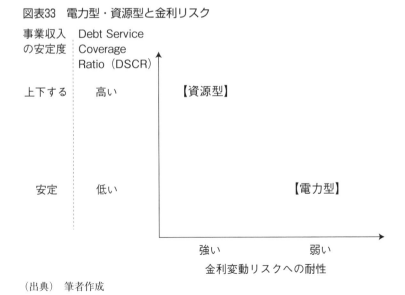

図表33　電力型・資源型と金利リスク

（出典）　筆者作成

示すると、図表33のとおりである。

 以上まとめると、「資源型」である液化天然ガス事業に対するプロジェクトファイナンスでは金利リスクへの対応策として金利の固定化は通常条件としていない。相対的に高めのDebt Service Coverage Ratioを確保することにより、レンダーは金利リスクを吸収することができると考えている。

(2) 為替リスク

 為替リスクとは、為替変動によって被るリスクである。為替リスクを被るのはまず借主（事業主）ではあるが、借主が被るとキャッシュフローに影響が生じ、ひいてはプロジェクトファイナンス・レンダーの有する債権の返済に影響を与えかねない。したがって、レンダーの立場からも、事業主が直面するであろう為替リスクに重大な関心がある。

 プロジェクトファイナンスが融資の対象とする事業は、通常単体の事業である。融資契約書で他の事業の遂行は禁じられている。当該事業の事業収入（キャッシュフロー・イン）と事業が行うさまざまな支出（キャッシュフロー・アウト）との間にどのような為替リスクが潜んでいるかという観点から為替リスクの問題を分析していく。液化天然ガス事業においては、事業収入は通常すべて米国ドル建てである。天然ガスを液化するのはそもそも遠方への輸送が目的であるから、液化天然ガスは通常他国に輸出される[23]。そして、輸出ということになれば、他のエネルギー商品同様その代金は米国ドルで決済される。

 一方、事業の支出のほうはどうであろうか。事業の支出としては大きく3種類に分類してとらえることができる。操業費（税金等の支払を含む）、借入金返済、配当金である。支払の優先順位もこの順序である点注意を要する[24]。操業費は、どの通貨で支払うことになるのか。これは液化天然ガス事業をどこの国で遂行するかによっておおよそ決まる。操業費の支払の多くは通常ホ

---

[23] インドネシアでは、自国（カリマンタン島）で生産した液化天然ガスを自国内の他の地域（ジャカルタのあるジャワ島）に輸送している。つまり、液化天然ガスを輸出せず自国内の輸送を経て自国内で消費している。非常に例外的な事例である。

スト国の通貨で行われる。たとえば、豪州で行われている液化天然ガス事業の操業費の一部（たとえば、人件費）は豪州ドルで支払われる。他の先進国から派遣された従業員には米国ドルでの給与支払になることもある。操業費は事業収入の通貨（米国ドル）とは異なる通貨になる部分が少なからずあるのはやむをえない。

　次に、借入金返済であるが、借入金返済の通貨は借入金を行うときに決めることができる。液化天然ガス事業での収入は米国ドル建てであるから、為替リスクの回避を考えれば米国ドル建てで借入金を行うことが穏当である。プロジェクトファイナンス・レンダーは、通常事業収入の通貨と借入金の通貨が一致するように取り計らう。事業収入の通貨と借入金の通貨が一致することを、ナチュラル・ヘッジ（Natural Hedge）という。つまり、プロジェクトファイナンス・レンダーはナチュラル・ヘッジを借主に求める。ナチュラル・ヘッジを行うことで、借入金にかかわる為替リスクを回避することが可能になる。ナチュラル・ヘッジに関連して興味深い事例は、タイの電力事業である。タイでは、現在独立電力事業者への電力料金の支払を米国ドル建てとタイ・バーツ建てとで折半して行っている。電力事業収入が両通貨で折半して支払われるので、独立電力事業者は通常プロジェクトファイナンスでの借入れにあたり、借入金の通貨を米国ドルとタイ・バーツで同じく折半している。つまり、既述したナチュラル・ヘッジを見事に実行しているのである。

　最後に配当金の支払通貨であるが、これは通常事業収入の通貨で行う。つまり、借主／事業主は配当金の支払については通常為替リスクを負わない。配当金について為替リスクを負うのは配当金受領者（出資者）である。以上、為替リスクにかかわるキャッシュフロー・インとキャッシュフロー・ア

24　操業費、借入金返済、配当金の支払順序については、この順序で実際に支払が行われるように融資契約書で定める。この支払順序の仕組みをキャッシュ・ウォーターフォールという。キャッシュ・ウォーターフォールについては、次節「第8節　キャッシュフローリスク」で説明する。

図表34　キャッシュフロー・インとキャッシュフロー・アウト

キャッシュフロー・イン	キャッシュフロー・アウト
事業収入	操業費（税金等を含む） 借入金返済 配当金

(出典)　筆者作成

ウトの説明を図示してまとめると、図表34のとおりである。

図表34のうち、キャッシュフロー・アウトについては次のように要約できる。

・操業費……事業収入の通貨と異なる通貨での操業費支払の部分がありうる。その部分の操業費支払は為替リスクを負う。
・借入金返済……事業収入の通貨と借入金の通貨とを一致（ナチュラル・ヘッジ）させれば、借入金返済については為替リスクを回避できる。
・配当金……事業主は通常事業収入の通貨で配当金の支払を行うので、為替リスクを負わない。為替リスクを負うとすれば、それは配当金を受領する出資者である。

なお、図表35は、実在する液化天然ガス事業のキャッシュフローを例示したものである。図表35では ア が当初の投資（2015年まで）および操業費（2015年以後）を、 イ が税金等を、 ウ が借入金返済および配当金支払を示す。

操業費の支払は、ホスト国の通貨となる部分があり、その部分に関する限り為替リスクは避けられないと前述した。しかしながら、図表35から明らかなとおり、操業費（2015年以降の ア 部分）の割合は全体の支出に比して大きくはない（10％程度。なお、図表では税金等は イ で別途表示している）。したがって、この部分が多少為替リスクを負担することになったとしても、事業の収益への影響度合いは大きくはない。事業全体への影響度合いが大きいのはむしろ借入金の返済である（図表 ウ 部分の過半）。したがって、借入金の通貨を事業収入の通貨に一致（ナチュラル・ヘッジ）させることは、為替

図表35　液化天然ガス事業のキャッシュフローの例

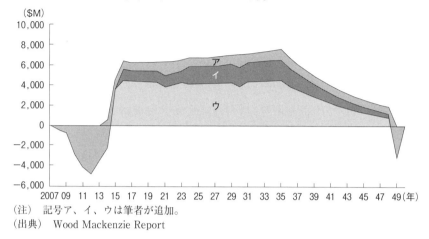

（注）　記号ア、イ、ウは筆者が追加。
（出典）　Wood Mackenzie Report

リスク回避の観点で非常に重要である。

第8節　キャッシュフローリスク

　キャッシュフローリスクは、キャッシュフローにかかわるリスクのことである。もちろん、キャッシュフローがリスクだということではない。キャッシュフローは事業主にとって収益の源泉であり、プロジェクトファイナンス・レンダーにとっては返済原資である。プロジェクトファイナンス・レンダーにとって返済原資であるがゆえに、キャッシュフローを完全に捕捉し、無闇に流出しないよう管理しなければならない。本節の眼目は、返済原資となるキャッシュフローをプロジェクトファイナンス・レンダーがいかに管理しているのかを明らかにするところにある。その管理手法の工夫が本節の妙である。もっとも、日々の業務を遂行するのは事業主（借主）である。日々の事業から生まれるキャッシュフローも実際は事業主の手元にある。したがって、プロジェクトファイナンス・レンダーがキャッシュフローについて

直接手を下すことはできない。そこで、キャッシュフローの管理手法は、仕組みをつくり、ルールを定め、事業主（借主）にそれらを遵守してもらうという方法による。なお、仕組みやルールはプロジェクトファイナンスの融資契約書のなかに記載する。

さて、液化天然ガス事業向けのプロジェクトファイナンスでは、少なくとも次の4つのキャッシュフロー管理手法が使用されている。いずれもプロジェクトファイナンスでは必ず使用されるものである。

(a) 収入アカウント（Revenue Account）
(b) キャッシュ・ウォーターフォール（Cash Waterfall）
(c) 配当制限（Dividend Restriction）
(d) デッドサービス・リザーブアカウント（Debt Service Reserve Account）

(a) 収入アカウント（Revenue Account）

キャッシュフローの管理は、まず事業収入を完全に捕捉することから始まる。支出の管理ももちろん重要であるが、その前に事業から生まれるあらゆる収入を余すところなく捕捉することがもっと重要である。そのために、収入アカウント（銀行口座）を開設する。開設した収入アカウントに、事業から生じる収入のすべてを入金させるよう事業主（借主）に義務づける。

収入アカウントに入金すべき金銭は、事業にかかわるあらゆる入金である。通常の売上代金はもちろんであるが、物品購入取消しによる返金や保険金なども含まれる。基本的に例外はない。収入アカウントを通さずに入金するものがあってはならない。さもなければ、すべてのキャッシュフローを捕捉するという目的は達せられない。

(b) キャッシュ・ウォーターフォール（Cash Waterfall）

収入アカウントの開設と運用により事業にかかわるキャッシュフローをすべて捕捉すると、次は支出の管理である。支出の管理で重要なことは、まず資金の使途をあらかじめ決めておくことである。決められた使途以外には支

図表36 キャッシュ・ウォーターフォール

(出典) 筆者作成

出を認めない。次に、使途に優先順位をつけることである。使途を定めるだけでは万が一資金に不足が発生したときに、資金の充当順位に混乱をきたす。優先順位をつけることによって、資金が不足した場合により重要な優先度の高い使途に先に充当することができる。

通常プロジェクトファイナンスにおける資金使途と支出の優先順位は次のようになる。これを図示すると、図表36のようになる。

① 操業費と税金の支払
② 融資の元利金返済
③ Debt Service Reserve Account（DSRA）への入金
④ その他のReserve Accountへの入金
⑤ 配当金の支払

図表36がいかにも水が滝のように流れ落ちているようにみえるので、これをキャッシュ・ウォーターフォール（直訳は「資金の滝」）と呼ぶ。繰り返しになるが、キャッシュ・ウォーターフォールが存在する理由は資金使途と支出の優先順位を定めることである。

(c) 配当制限（Dividend Restriction）

　上記のキャッシュ・ウォーターフォールの最後に、配当金支払とある。キャッシュ・ウォーターフォールに従うと、余剰資金は最終配当金の支払に充てられる。しかしながら、プロジェクトファイナンス・レンダーは配当金支払にあたって、いわば関所を設けている。それが配当制限である。余剰資金といえども、株主（スポンサー）に配当金としていったん資金が支払われてしまうと、後刻取り戻すことはできない[25]。したがって、配当金を支払う前に、あらかじめ用意した配当金支払条件を充足しているか否かを見極め、充足している場合にのみ配当金の支払を認める。入念な資金支出管理の一環である。

　通常みられる配当制限（あるいは配当金支払条件）は、たとえば次のような事項を含む。

・デフォルトが発生していない

・Debt Service Coverage Ratioの予想値が所定値以上である

　「デフォルトが発生していない」という条件はやや不思議な印象を与えるかもしれない。元利金の支払を一部でも延滞してデフォルトを起こしているのであれば、配当金に充てるような余剰資金はそもそも存在しえないからである。しかし、ここで「デフォルトが発生していない」という条件を付しているのは、元利金の延滞というような重大なデフォルトを想定しているのではない。元利金の延滞が発生していれば、配当金に充てる資金など皆無なのは当然である。ここで想定しているのは広義のデフォルトが発生していないということである。たとえば、融資契約書のコベナンツには、通常借主は四半期ごとに財務諸表をレンダーに提出する義務があると記載されている。財務諸表の提出を怠れば、約定違反であり広義のデフォルトが発生する。その

25　クローバック（clawback）という仕組みがあり、これは支払済配当金金額の範囲内で、事業が資金不足をきたした際に資金拠出を株主（スポンサー）に義務づけるものである。このような特約が株主との間にない限り、配当金として支払われた資金を後刻取り戻すということはありえない。

他の些細なコベナンツ違反も同様に広義のデフォルト[26]である。つまり、ここでいう「デフォルトが発生していない」という条件が置かれている狙いは、諸々のコベナンツを借主に遵守させることにある。配当金支払にあたって、諸々のコベナンツはすべて遵守されているかどうかが確認されることに、この条件の存在意義がある。

次に、「Debt Service Coverage Ratio[27]の予想値が所定値以上である」という条件について敷衍する。この条件は、将来の資金繰りに見通しは立っているのか、将来の元利金返済に懸念はないのかということを検証するところに狙いがある。手元に余剰資金があるからといってすべて配当金として払い出したところが、たとえば、将来の修繕費を見落とし資金繰りが窮し、ひいては元利金の返済に問題が生じるようでは困る。したがって、将来の資金繰りや元利金の返済に問題のないことを検証させたうえで配当金の支払を許容するという点に本条件の目的がある。

(d) デッドサービス・リザーブアカウント（Debt Service Reserve Account）[28]

デッドサービス・リザーブアカウントとは、元利金返済用の予備資金を置いておく銀行口座のことである。事業のキャッシュフローはいつ何時途絶えるかもしれない。事故や天変地異の発生で、操業が停止し事業収入が途絶えることはありうる。不測の事態は起こる。プロジェクトファイナンス・レンダーは事故や天変地異が発生しても元利金の返済が即座に滞ることのないよう、借主にデッドサービス・リザーブアカウントを用意させ、そこに一定の予備資金を常に入金させておく。予備資金の金額は、通常6カ月分の元利金返済金額である。こうすることにより、いかなる事態が到来しようとも、元利金の返済が突然滞るということはなくなる。事故や天変地異が発生した場

---

26 ここでいう広義のデフォルトは、テクニカル・デフォルト（Technical Default）ともいう。
27 Debt Service Coverage Ratioについては、「第4章第2節　完工リスク」も参照。
28 Debt Service Reserve Accountについては、「第4章第2節　完工リスク」も参照。

合であっても、デッドサービス・リザーブアカウントにある資金で6カ月間は元利金返済が可能となる。この6カ月間である程度の善後策を練ることもできる。

　以上、(a)収入アカウント（Revenue Account）、(b)キャッシュ・ウォーターフォール（Cash Waterfall）、(c)配当制限（Dividend Restriction）、(d)デッドサービス・リザーブアカウント（Debt Service Reserve Account）のそれぞれのキャッシュフロー管理手法をみてきた。これらの手法は、液化天然ガス事業向けプロジェクトファイナンスにはことごとく利用されている手法である。そして、プロジェクトファイナンスのほとんどの案件にも利用されている。

　なお、液化天然ガス事業向けプロジェクトファイナンスにみられることは少ないが、他のプロジェクトファイナンス案件に利用されるキャッシュフロー管理手法は、ほかにも存在する。たとえば、クローバック（claw-back）、ディファーラル（deferral）、キャッシュスイープ（cash sweep）などと呼ばれる手法である。

　クローバックは、事業が資金不足をきたした際に株主（スポンサー）に追加で資金拠出を義務づけるものであるが、追加資金拠出の上限をそれまでに支払ずみの累積配当金金額の範囲内とするところに特徴がある。言い換えれば、累積配当金金額の範囲内で必要なときに株主（スポンサー）は事業に資金を戻し入れよということである。

　ディファーラルは、約定元利金の返済を1回見送ることである。融資の返済において約定返済金を1回見送るというのはきわめて異例であるが、事業によっては1回の元利金不払いでデフォルト・破綻・清算という途を選ぶよりも、約定返済金の支払を見送り、事業のキャッシュフローの改善を待つほうが得策な場合もある。これは収入の上下変動が激しい事業（たとえば、石油精製事業や石油化学事業など）に利用されることが多い。

　キャッシュスイープは、配当金支払の際に一定割合の資金を融資の期限前

返済（prepayment）に充当させる仕組みである。たとえば、配当金支払の際に、配当金額2の割合に対し融資の期限前返済金1とする。配当金額の半分の金額を融資の期限前返済とするということになる。このキャッシュスイープも、収入の上下変動が激しい事業に利用されることが多い。キャッシュスイープの狙いは、特に事業利益が大幅に増えた際に余剰資金をすべて配当金として支払うのではなく、そのうちの一定割合を強制的に借入金の返済に充当させるところにある。こうすることによって、事業利益が増えた際には借入金負担を減少させ、将来の事業利益縮小に備えさせるのである。

キャッシュフローを管理する手法は、プロジェクトファイナンスにおいて永年非常に工夫の凝らされてきた分野である。液化天然ガス事業向けのプロジェクトファイナンスではキャッシュフローの管理手法のうち、最も基本的な4つの手法、すなわち、(a)収入アカウント、(b)キャッシュ・ウォーターフォール、(c)配当制限、(d)デッドサービス・リザーブアカウントしか用いられないのが普通である。このことは、液化天然ガス事業向けのプロジェクトファイナンスが、プロジェクトファイナンス案件のなかでも良質な案件であることの証左であるといってよい。

第 9 節　環境リスク

環境問題が広く社会に認知されるようになったのは、レイチェル・カールソンの『沈黙の春』（1962年）の出版以後である。それまで生態系などへの環境に対する影響は軽視されがちであった。日本では、有吉佐和子が『複合汚染』（1975年）を発表し、環境問題に一石を投じた。ジャレド・ダイアモンド[29]はその著書『文明崩壊』（2005年）で、文明が崩壊する要因を分析して

29　ジャレド・ダイアモンド（Jared Diamond）は、カリフォルニア大学ロサンゼルス校地理学教授（1937年生）。

いる。要因の1つとして環境破壊をあげ、巨石の彫刻像（モアイ像）で有名なイースター島の文明が消え去ったのは、同島にあった森林を伐採し費消し尽くしてしまったためだと論じている[30]。

　プロジェクトファイナンスが融資対象とする事業は、環境に影響を与える事業が多い。資源開発案件全般はその典型である。電力事業のなかでも水力発電はダムの建設で住民移転を要するなど社会・環境に与える影響が大きい。液化天然ガス事業は天然ガスの開発・生産の部分が資源開発にあたり、加えてガス田から液化天然ガスプラントまで長距離のガスパイプラインを敷設すると敷設場所周辺の環境への影響が少なからずある。

　環境に悪影響を与える事業を行う企業を、NPO（Non-Profit Organization）やNGO（Non-Government Organization）が近年告発し非難することが多くなった。また、NPOやNGOにとどまらず、環境破壊に対する世論の意識も広がってきた。金融機関のなかでは世界銀行をはじめとした国際金融機関（たとえば、国際金融公社[31]）が、融資対象とする事業の環境へ与える影響を事前に審査するようになった。これを受けて、民間の金融機関は、2003年にEquator Principles（赤道原則）を創設した。

　Equator Principlesというのは、プロジェクトファイナンスを行う金融機関は環境に配慮し、環境に悪影響を与える事業には融資しないと定めた自主規制である。Equator Principles憲章の副題には"A financial industry benchmark for determining, assessing and managing environmental and social risk in projects[32]"（プロジェクトにおける環境・社会リスクを決定し評価し管理するための金融業界の基準[33]）と記載されている。また、同前文には"We will not provide Project Finance or Project-Related Corporate Loans

---

30　ジャレド・ダイアモンド『文明崩壊』上巻（2005年、草思社）「第2章　イースターに黄昏が訪れるとき」124頁以下。
31　英語の正式名は、International Finance Corporation/IFC。
32　Equator PrinciplesのHP、http://equator-principles.com/resources/equator_principles_Ⅲ.pdf
33　筆者による邦訳。

to Projects where the client will not, or is unable to, comply with the Equator Principles[34]"(私どもは赤道原則を遵守しないあるいは遵守できない顧客が推進するプロジェクトにはプロジェクトファイナンスやプロジェクト関連融資を行わない[35])とある。

　Equator Principlesは、設立から10年余が過ぎた。現在では、34カ国から79の金融機関が加盟する。新興国におけるプロジェクトファイナンス融資の約70％が加盟行によるものと推測されている。日本の銀行ではみずほ銀行(2003年加盟)、三菱東京UFJ銀行(2005年加盟)、三井住友銀行(2007年加盟)の3行が加盟している[36]。

　銀行の融資において、融資可否の判断基準として融資先の事業が環境に与える影響を考慮するというのは画期的なことである。環境に悪影響を与える事業に多額の融資をしている金融機関があるとすれば、道徳的社会的な責任を免れないのはもちろんのこと、先進国の裁判所で法的な責任を追及されるリスクもある。プロジェクトファイナンスにおける環境リスクというのは、融資先の行う事業が環境に悪影響を与えるときに、レンダーが道徳的社会的責任さらに法的責任を負担しかねないリスクのことを指す。環境リスクへのプロジェクトファイナンス・レンダーの対応策は、Equator Principlesを厳格に遵守する以外にない。

　なお、Equator Principlesは、2013年6月第3版が完成した。第3版[37]では、本原則の適用となる融資の対象を広げた。これまでプロジェクトファイナンスおよびそのアドバイザリー業務を対象としてきたが、これにプロジェクト関連融資とブリッジローン(つなぎ融資)を加えた。追加したプロジェクト関連融資とブリッジローンはプロジェクトファイナンスでもなければ、

34　前出のEquator PrinciplesのHP。
35　筆者による邦訳。
36　加盟金融機関の情報等は2014年8月現在のEquator PrinciplesのHP、http://equator-principles.com/による。
37　第3版を通称Equator Principles Ⅲという。全文は、http://equator-principles.com/index.php/ep3を参照。

ノンリコースローンでもない。融資の形態を問わず、事業に関連する融資で環境に影響を与えかねない融資を広範囲にとらえたところに、第3版の改訂の意義がある。第3版を契機に、Equator Principlesの理念はプロジェクトファイナンスの領域を超えてきたと評価することができる。

［イクシスの事例］

環境リスクの関連では、具体的な事例がある。日本の国際石油開発帝石が現在開発を進めている西豪州のイクシス液化天然ガス事業である。この液化天然ガス事業では西豪州北部海洋にあるイクシス・ガス田を開発し、そこから産出される天然ガスを約900km東方に所在するダーウィンまで運搬する。そしてダーウィンにある液化天然ガスプラントで天然ガスを液化し、日

図表37　豪州イクシス液化天然ガス事業概略図

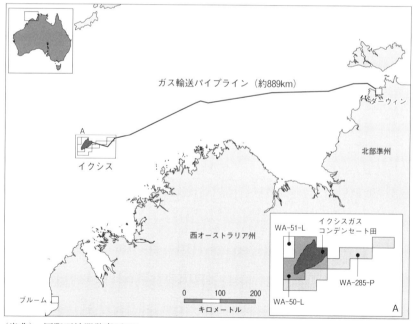

（出典）　国際石油開発帝石HP

本等海外へ輸出する。

　図表37が、この豪州イクシス液化天然ガス事業の全貌を示している。注意すべきは天然ガスを輸送するガスパイプラインの敷設経路である（図表37の──）。液化天然ガスプラントは陸地に建設する。イクシス・ガス田に最も近接する陸地は東方900kmにあるダーウィンではない。図表37でいえば、イクシス・ガス田の東南方向（右下）に陸地がある。同図表の縮尺から推察すると、イクシス・ガス田から東南方向の最寄りの陸地までは直線距離で300km前後ではないだろうか。しかし、事業主である国際石油開発帝石は、最寄りの陸地ではなくダーウィンに液化天然ガスプラントを建設することを決定した。環境への影響を考慮したからである。この結果、総距離300kmではなく900kmに及ぶガスパイプラインを敷設しなければならなくなった。環境を守るためにはコストがかかる。

　本事例は事業主が環境問題に逢着した事例であるが、金融機関は本事例にプロジェクトファイナンスを供与している[38]。事業主が環境問題に英断を下さなければ、プロジェクトファイナンスの組成も成約しなかったであろうことは想像にかたくない。

第10節　災害リスク

　災害リスクは、文字どおり災害に遭遇するリスクである。自然災害や天変地異は、いったん発生すると多大なリスクを負う。具体的には、地震、津波、火災、台風、洪水、落雷、竜巻、疫病などである。英語ではNatural Disaster、Acts of God、Force Majeureなどの表現がある。なかでも、Acts of God（神の仕業）とは言い得て妙である。災害は人智を超えている。日本

---

[38]　2012年12月にプロジェクトファイナンスの融資契約が調印された。総額200億米ドル（約20兆円）の大型案件であった。詳細は、「第5章第2節　液化天然ガス事業向けプロジェクトファイナンスの実例」を参照。

では、寺田寅彦[39]の「天災は忘れた頃にやってくる」という表現が人口に膾炙している。

　事業主にとってもレンダーにとっても、災害リスクはできる限り回避するのが望ましい。災害リスクに向き合って対峙しても、どうにもなるものではない。そこで、災害リスクへの対策方法は損害保険を付保することである。損害保険会社に災害リスクを転嫁すると言い換えてもいい。プロジェクトファイナンスにおけるリスクの考え方の基本に、それぞれのリスクはそのリスクに最も熟知した者がとるべきだという考え方がある。災害リスクはその好例で、災害リスクに最も熟知した者は損害保険会社である。

　どういう内容の損害保険を付保すべきかについては、事業主（借主）とプロジェクトファイナンス・レンダーとの間で意見の一致をみないこともある。事業主は比較的簡易な損害保険を、レンダーは万全な損害保険を求める傾向がみられる。これは、リスクに対する許容度の違いに起因するためかと推察する。出資金を拠出する事業主は、あらゆる事業リスクを引き受ける。融資金を供与するレンダーは限定されたリスクをとる。両者の意見の一致をみない場合には、レンダーは保険専門家（保険コンサルタント）の意見を求め、納得のいく保険内容で付保をしていく以外にない。この点ではレンダーはほとんど譲歩しない。損害保険はレンダーにとって保全手段の一環である。妥協はできない事項といわざるをえない。

　保険金請求権にはレンダーが担保設定する。担保設定をしているので、保険金が支払われたときにはその保険金の受領権はレンダーにある。したがって、レンダーは保険金の使途について通常一存で決することができる。保険金の使途には、基本的に2つある。1つは、災害を被った機器の修繕に充てることである。もう1つは、借入金の返済に充てることである。保険金の処理方法についてはプロジェクトファイナンスの融資契約書で、ある程度明記することも少なくない。保険金の金額が一定金額以下のときには機器の修繕

---

[39] 物理学者・文学者（1878～1935）。夏目漱石の門下生。

に充て、一定金額以上のときにはレンダーの判断で機器の修繕か借入金への返済充当かを決める、とするのが最も一般的である。

　なお、災害の発生はいわゆる不可抗力であるが、近代の法律体系では不可抗力でも金銭債務はなんら影響を受けない[40]。つまり、災害が起こったからといって、借入金の返済義務は一切免れないということである。

第11節　カントリーリスク

　カントリーリスクとは、国家（行政・立法・司法）の行為（作為・不作為）によって当該国で推進されている事業やプロジェクトが経済的な不利益を被るリスクをいう。ポリティカル（政治）リスクやソブリンリスクとも呼ぶ。現代の国際秩序において、国家は主権を有し、その領域内（領土、領海、領空）において排他的な統治権（行政権、立法権、司法権）を行使することができる[41]。このような排他的な国家の主権が存在するがゆえに、国家の行為によって当該国の領域内で事業やプロジェクトが経済的不利益を被っても、これを救済する手段が万全ではない。さらに、主権国家は対外的には独立した存在であり、原則他の国や組織の支配や命令も受けない[42]。たとえば、国際司法裁判所は国家間の争いを解決する場ではあるが、原告および被告双方があらかじめ同裁判所の判決に服することに同意しなければ、そもそも裁判所で係争することすらできない（国際司法裁判所の同意原則）[43]。上記の主権国家のもつ対外的な独立権のために、カントリーリスクが発生した際に、経済的不利益を被った者が同国外で裁判を通じて争い救済を求めることは困難である。同国内の裁判所に訴えることは形式的にはできるが、同国の国家的行

40　日本の民法419条3項には「債務者は不可抗力を以って抗弁をなすことを得ず」とある。
41　国家の排他的な統治権については、中谷和弘ほか『国際法』（2006年、有斐閣）30頁以下。
42　主権国家の対外的な独立権についても、前出中谷ほか『国際法』30頁以下。
43　国際司法裁判所の同意原則については、前出中谷ほか『国際法』303〜304頁。

為に起因している事案であるから、同国内の裁判所で公平な判決を得られる可能性は低い。つまり、救済はほとんど望めない。要するに、カントリーリスクのむずかしさは、経済的不利益をもたらした者が国家(ないし国家機関)自身であり、国家は領域内では排他的な統治権を有し、対外的には独立した存在で他国等の支配や命令に従うことはないところにある。

カントリーリスクの類型は通常4つに分けられる。(a)戦争リスク、(b)収用リスク、(c)為替・送金リスク、(d)契約不履行リスクの4つである。以下、それぞれについてみていく。

(a) 戦争リスク

戦争リスクは、戦争、ストライキ、内乱、騒擾、暴動、テロに起因するリスクを総称している。戦争の行為主体は国家であるが、ストライキ、内乱、騒擾、暴動、テロなどの行為主体は通常国家ではない。反政府組織等の行為である。しかも、同国内の反政府組織にとどまらず国外の反政府組織も関与していることがあろう。反政府組織の行為であっても、現政府は国内の秩序や安寧を守ることが期待されている。ストライキ、内乱、騒擾、暴動、テロなどが発生した際に、現政府が同国内の自国民や外国人、法人の利益を十分に保護することができなかったとすれば、結果的に国家の不作為を糾弾せざるをえない。そういう意味で、ストライキ、内乱、騒擾、暴動、テロは反政府組織等の行為ではあるが、損害が発生すれば国家の結果責任が問われるので、カントリーリスクとしてとらえる。そして、戦争、ストライキ、内乱、騒擾、暴動、テロはいずれも暴力的な行為という点で共通しているので、戦争リスクとして分類する。

(b) 収用リスク

収用リスクは国家の行為によって財産権が侵されるリスクのことである。収用のほか、接収や国有化もほぼ同義である。日本にも土地収用法(1951年制定)があり、憲法が保障する財産権(憲法29条)を制約する数少ない法律の1つである。収用、接収、国有化についてはすべてが違法というわけでは

ない。慣習国際法上では、次の３つの要件を充足する収用、接収、国有化は合法と解釈している[44]。

① 公共の目的に利用するものであること（公益性）
② 特定の国籍を有する者を狙い撃ちせず国籍に無差別であること（無差別）
③ 十分、実効的かつ迅速な補償があること（補償）

外交実務的には、２カ国間もしくは複数国間で条約（投資協定等）を締結し、相手国において自国民の財産権が侵害された場合の対応を合意している。このような合意がない場合には、紛争解決はきわめてむずかしい。

収用リスクについて近年問題となっているのは、いわゆる「忍び寄る収用[45]」である。忍び寄る収用というのは、外見は正当な国家行為のようにみせかけ、実のところ財産権の侵害を企図する行為である。たとえば、許認可を長期にわたって与えない、些細な法令違反を指摘する、税法違反の嫌疑をかけ査察するなどの行政権の濫用で事業主に不当な圧力をかける。真のねらいは、外国企業のもつ事業の一部権益取得や事業権を安価に買い取ることである。このような忍び寄る収用は、今世紀（21世紀）に入ってからも一部の新興国で実際に発生している[46]。

(c) 為替・送金リスク

為替・送金リスクは、外貨交換や海外送金を行うことができなくなるリスクである。一国の領域内では外貨交換や海外送金は同国の許認可のもとにある。国は経済政策の一環として、あるいは政治的判断で、外貨交換や海外送金を規制することがある。同国で事業を行っている者は多大な影響を受け

---

44 前出中谷ほか『国際法』254頁。
45 「忍び寄る収用」は、Creeping Expropriation の邦訳である。
46 ロシア・サハリン２の液化天然ガス事業権益について、当初日欧の民間企業が100％所有していたものが、後刻ロシアの国営企業が事業権益の半分を買取りした事例（2006年12月）は記憶に新しい。ロシア国営企業による事業権益買取りが成立する前、ロシア政府は同事業が環境破壊する懸念があると指摘し工事免許の取消しを示唆していた経緯がある。日本経済新聞 2006.12.22朝刊参照。

る。

　為替・送金リスクについては、事業主（借主）およびレンダーにも相応対応策を打つことができる。事業収入がほとんど輸出代金で構成される「輸出型」の事業に限られるが、それは先進国に銀行口座を開設し、事業収入の大半を極力同先進国に保有することである。こういう銀行口座をオフショア・アカウント（Offshore Account）と呼ぶ。オフショア・アカウントをもつことにより、資金を海外の先進国に保有するということである。レンダーは借入金の返済も、このオフショア・アカウントから直接行われることを求める。資金を当該国に還流することを避けるわけである。こうすることによって、当該国の為替・送金リスクをある程度回避することができる。かつてインドネシアの液化天然ガス事業向けのプロジェクトファイナンスで、ニューヨークに信託口座（Trustee Account）を設置して、この口座に液化天然ガス輸出代金を入金し、同口座から借入金の返済を受けるという手法が利用された。これをトラスティー・ボロウイング（Trustee Borrowing）と呼称した。このトラスティー・ボロウイングを利用したのはインドネシア政府が借主となることができなかったという事情もあるが、インドネシアの為替・送金リスクを回避するという効果も期待された。

　(d)　契約不履行リスク

　契約不履行リスクは、政府系機関が契約の履行をしないリスクである。たとえば、新興国では電力会社が国営企業であることが多い。電力事業を行う独立電力事業者は、新興国の国営電力会社と電力売買契約を締結する。独立電力事業者が契約にのっとって電力を供給しているにもかかわらず、国営電力会社が電力代金を払わなかったとすれば、これは契約不履行リスクの顕在化である。繰り返しになるが、カントリーリスクの一類型となる契約不履行リスクとは、契約不履行の当事者が政府系機関であるという点にある。民間の個人や法人が契約の不履行を起こしても、カントリーリスクではない。民間人が契約不履行を起こせば、訴訟によって解決を図ることができる。政府系機関が契約不履行を起こすと、契約不履行の当事者自身が国家の一部であ

るので、同国の司法権が公平に執行されるかどうか危ぶまれる。契約不履行リスクがカントリーリスクと分類されるゆえんである。なお、契約不履行リスクは、近年カントリーリスクとして認識されるようになった[47]点に注意を要する。これは、政府系機関が民間人と商業契約を締結する例が増えたためであろう。

　カントリーリスクは、以上のとおり4種類に分類される。いずれも新興国で発生した例が多い。先進国で発生した例は、寡聞にして聞かない。しかし、先進国においても注意を要するのは、法制変更のリスクである。また、米国のシェールガス液化事業に関連して、日本への輸出許可が将来取り消される潜在的リスクがある。この2点について、補足しておきたい。

(1) **法制変更リスク**

　法制変更のリスクとは、法制や規制の変更により事業に影響を与えるリスクである。たとえば、環境関連の規制が厳しくなり事業の収益に悪影響を与えるような例が典型例である。1990年代、米国でガソリン添加剤として一時MTBE[48]がもてはやされたが、後刻環境への悪影響が判明し使用が禁止された。最近では、豪州で環境保護の目的で炭素税が導入され、石炭産業や石炭火力発電所に影響を及ぼしている[49]。また、インドネシアでは2014年からニッケル、銅などの鉱石の輸出を禁止した。自国内の精錬業を促進する狙いではあるが、日本はインドネシアから約4割のニッケルを輸入していたので影響が甚大である[50]。

　法制変更リスクの例としては、ほかに法人税率の引上げ、製品の輸出税や原料の輸入税の引上げなどがある。いずれも事業の収益に影響を与える。法

---

[47] 旧来はカントリーリスクとして、戦争リスク、収用リスク、為替・送金リスクの3種類のみが認識されていた。たとえば、高倉信昭『カントリーリスク』(1981年、ダイヤモンド社) 16頁以下。
[48] メチル・ターツ・ブチル・エーテルの略称で、オクタン価向上を目的としたガソリン添加剤である。1990年代に、米国でMTBEの生産・販売事業に投資した日本企業があった。しかし、MTBEの使用を禁ずる法制の変更で、事業は撤退を余儀なくされた。
[49] 豪州では、2013年政権交代が実現し、新政権は炭素税を廃止する方針である。
[50] 日本経済新聞 2014.5.24朝刊・社説「資源輸出規制の撤廃を促せ」を参照。

制変更リスクは、上記で論じてきた狭義のカントリーリスクには含めないが、いわば広義のカントリーリスクとしてとらえておくことは実務上重要である。

(2) 米国からの液化天然ガス輸出許可の取消しリスク

シェールガスの増産が続く米国では、シェール層から産出される天然ガスを液化して日本に輸出する事業が現在複数検討されている[51]。日本は、米国と自由貿易協定（FTA）を調印していないので、米国の天然ガス法上エネルギー省の個別の輸出許可を取得しなければ米国の天然ガスを日本向けに輸出することができない。このエネルギー省の輸出許可には条件が付されている。すなわち、「今後LNG輸出が公共の利益に反する状況に陥る可能性もあるため、エネルギー省はモニタリングを行い、何らかの措置が必要になった場合は適切に対応する」[52]という記述である。これは将来米国政府（エネルギー省）が公共の利益に反すると判断すれば、輸出許可の取消しもありうることを示唆している。ここでいう「公共の利益」とは米国における天然ガスの国内供給を脅かさないことや自由競争を阻害しないことを指すと解釈されている[53]。米国で液化天然ガス事業を推進する日本企業にとって、この輸出許可が将来取り消されるかもしれないというリスクは経営上けして過小評価できないものである。このような許認可取消しのリスクも広義のカントリーリスクとしてとらえることができる。

さて、以上カントリーリスクをみてきたが、狭義のカントリーリスク４種（戦争、収用、為替・送金、契約不履行）については対応策が確立している。それは、カントリーリスク保険を付保することである。日本では、政府系金

---

51 大阪ガス、中部電力が関与するテキサス州のフリーポート案件、東京ガス、住友商事が関与するメリーランド州のコーブポイント案件、三菱商事、三井物産が関与するルイジアナ州のキャメロン案件などがある。
52 杉野綾子「米国・カナダ産LNG輸入構想に関する通商法面からの考察」『エネルギー経済』第38巻２号３頁。
53 前出杉野論文２頁。

融機関である国際協力銀行と日本貿易保険がカントリーリスクにかかわる保険を提供している。保険の対象は日本企業による投資と日本の銀行法上の銀行[54]による融資である。カントリーリスク4種のうち、契約不履行リスクは、比較的新しい第4のカントリーリスクの類型であることはすでに述べた。このため、カントリーリスク保険としては、旧来の3種のリスク（戦争、収用、為替・送金）を付保するものと契約不履行リスクを含む4種のリスクを付保するものと、現在のところ付保範囲の異なる2種類のカントリーリスク保険が併存している。前者をスリーポイントカバー（three-point cover）、後者をフォーポイントカバー（four-point cover）と呼称することがある。

なお、広義のカントリーリスクとして法制変更のリスクと米国の液化天然ガス輸出許可取消しのリスクを紹介したが、これらのリスクに対する決定的な対応策は見当たらない。当該事業に伴うリスクとして受容する以外にないのが現状である[55]。もっとも、プロジェクトファイナンスの組成においては、これらのリスクが顕在化した際には出資者が責任を負うということにし、プロジェクトファイナンス・レンダーは負担しないという対応策はありうる。

54　日本における外国銀行の支店は、内閣総理大臣の免許を有していれば日本の銀行法上の銀行である（銀行法4条）。
55　米国の液化天然ガス輸出許可取消しのリスクについては、日本貿易保険が一定の条件のもと、保険を引き受ける方向である。日本経済新聞 2014.8.29朝刊参照。

第 5 章

今後の動向と実例

第1節　今後の動向

今後の動向として、天然ガスおよび液化天然ガス事業にかかわる新しい潮流について触れておきたい。1つは、非在来型の天然ガス（Unconventional Gas）である。もう1つは、浮体式液化プラント（Floating LNG）である。

第1項　非在来型の天然ガス

非在来型の天然ガスとは、シェール（頁岩）層から産出するシェールガスや石炭層から産出する石炭層ガスを指す。非在来型の天然ガスを利用した液化天然ガス事業では、天然ガスの開発・生産の事業と液化天然ガスプラントの事業とが分離する傾向がみられる。両者が分離する傾向があるのは、ガスの開発・生産に携わる事業者と液化天然ガスプラント事業に携わる事業者とが異なることが多いためである。たとえば、米国におけるシェールガス生産者には大手石油会社にとどまらず中小の石油会社も多数存在する。そして、その大半は米国内でシェールガスを販売している。国内の天然ガス市場は広大で、その価格指標にはヘンリーハブ（Henry Hub）が使用されている。米国のシェールガスを液化して輸出を試みる事業者は市場で天然ガスを調達する。調達した天然ガスを液化して輸出する。天然ガスを自ら開発・生産する必要はない。つまり、米国国内には広大な天然ガス市場が存在し、シェールガスの増産で比較的安価な天然ガスが市場で調達できる。液化天然ガス事業者は、液化天然ガスプラント事業にのみ特化することになる。その結果、これまでの液化天然ガス事業のモデルであった「天然ガス開発・生産事業」および「液化天然ガスプラント事業」の一体運営は、米国での液化天然ガス事業では分離することになる。豪州で推進されている石炭層ガスを利用した液化天然ガス事業も同様である。石炭層ガスを生産する者と液化天然ガス事業に携わる者とが必ずしも同一ではない。そのため、石炭層ガスを利用した液化天然ガス事業は液化天然ガスプラント事業にのみ特化する傾向にある。こ

こでも、「天然ガス開発・生産事業」と「液化天然ガスプラント事業」との分離がみられる。

　さて、「天然ガス開発・生産事業」と「液化天然ガスプラント事業」との分離が起こるとどういうことになるのか。元来天然ガスの事業は石油事業の延長線上で発展してきた。石油も天然ガスも炭化水素である。天然ガスも石油同様、これを開発・生産して事業として成り立つ。従来の液化天然ガス事業のモデルは、天然ガスの商業化の一環として天然ガスを液化し需要地に輸出するものである。従来の液化天然ガス事業モデルの収益の源泉は天然ガスにある。液化するのは輸出するための手段にすぎない。仮に、天然ガスの生産地周辺で十分な需要があるならば、あえて液化する必要もなく、気体のガスとしてパイプラインを通じて販売すればよい。つまり、従来の液化天然ガス事業のモデルは、事業収益の寄与度という観点からみると「天然ガス開発・生産事業」が主であり、「液化天然ガスプラント事業」は従である。後者は需要地まで運搬するための手段にすぎない。

　非在来型の天然ガスの開発が進み、これを活用した液化天然ガス事業も現れてきた。しかし、上述のとおり、非在来型天然ガスを利用した液化天然ガス事業では、「天然ガス開発・生産事業」と「液化天然ガスプラント事業」との分離が起こっている。「液化天然ガスプラント事業」のみを担う液化天然ガス事業は、従来の一体運営型の液化天然ガス事業に比べると事業収益の源泉は大きくない。「液化天然ガスプラント事業」のみであれば、この事業は気体のガスを液体のガスに変換するだけの加工業である。液化天然ガスプラントの建設費用は、だれが建設してもほぼ一定範囲内の建設費用に収まるであろう。液化天然ガスプラントの建設費用の大小では差別化はむずかしい。そして、当面液化天然ガスプラントの性能の優劣もつけがたい。液化天然ガスプラントの操業においても差別化はむずかしい。

　つまり、非在来型ガスの利用によって液化天然ガス事業の範囲が「液化天然ガスプラント事業」のみに縮小するとすれば、「液化天然ガスプラント事業」のみに特化した液化天然ガス事業というものは、従前の一体運営型の液

化天然ガス事業とは収益構造面でまったく別種の事業になる。

　プロジェクトファイナンスの観点でこの現象をみていくと、従前の一体運営型の液化天然ガス事業は「資源型」の事業であるが、「液化天然ガスプラント事業」のみに縮小した液化天然ガス事業はもはや「電力型」の事業である[1]。化石燃料を燃焼させ、蒸気でタービンを回転させて発電する電力事業と、気体のガスを液体のガスに加工する事業とは事業の性格においてほぼ同一である。米国でシェールガスを利用した「液化天然ガスプラント事業」が進みつつある。そのなかには、資金調達の手段としてプロジェクトファイナンスを利用するものもある。こういう事業のなかには、トーリング・アレンジメント（Tolling Arrangement）といって、スポンサー（出資者・親会社）が

図表38　非在来型天然ガスの液化事業とプロジェクトファイナンス
在来型LNG事業向けプロジェクトファイナンス

在来型：ガス田開発・生産と液化天然ガスプラント建設・操業とを一体運営。「資源型」事業
事業収入の源泉：天然ガスの開発・生産。
ファイナンス：ガス田開発と液化天然ガスプラント建設を一体で資金調達。プロジェクトファイナンス利用可能。

非在来型LNG事業向けプロジェクトファイナンス

非在来型：液化天然ガスプラント建設・操業のみを事業とする。「電力型」事業
事業収入の源泉：天然ガスの液化加工業。
ファイナンス：液化天然ガスプラント建設のみで資金調達。プロジェクトファイナンスを利用するにはトーリング・アレンジメントなどの工夫が必要。

（出典）　筆者作成

1　「資源型」「電力型」については「第3章第3節第1項　プロジェクトファイナンスの類型」を参照。

液化天然ガスプラントの事業体に定額の加工費用を支払うものがある。トーリング・アレンジメント方式は、まさに「電力型」事業の証左である。

非在来型のガスの出現が、液化天然ガス事業の一体運営型から分離型に変質させつつある。そして、液化天然ガス事業は「天然ガス開発・生産事業」と「液化天然ガスプラント事業」とに分離し、後者の「液化天然ガスプラント事業」の部分はもはや「資源型」の事業ではなくなり「電力型」になる。

以上の説明をまとめて図示すると、図表38のとおりである。

第2項　浮体式液化プラント

浮体式液化プラントについては「第4章第5節　技術リスク」のところで触れた。浮体式液化プラントは既存の技術の融合ではあるが、操業の実績がなく損害保険の付保も容易ではないので、プロジェクトファイナンス・レンダーが即座に融資を行うことは困難であると結論づけた。

浮体式液化プラントの特長[2]は、次の諸点にある。
① 天然ガスの生産および液化を洋上の設備で行うこと
② ガスパイプラインの敷設や陸上の液化天然ガスプラント建設が不要になること
③ 総事業費を大幅に削減することができ、ガスパイプラインの敷設等が不要になるので環境にも良好なこと
④ 浮体式液化プラントを他の場所で再利用できること
⑤ 中小のガス田でも液化事業が行えること

一方、浮体式液化プラントの弱点[3]は、次の諸点にある。
① 天然ガスの生産と液化を一体として洋上で行うので、事故が発生した際の被害が甚大になる懸念があること

2　永井一聡「フローティングLNGへの期待と最近の動向」(『石油・天然ガスレビュー』2013年9月号)。
3　前出永井論文。なお、同氏の「フローティングLNGへの期待と最近の動向」では、浮体式液化プラントの弱点として、現行プロジェクトファイナンスが利用できない点（本文中弱点の④の点）は言及していない。この点は筆者の加筆である。

②　揺動リスクが不明なこと
③　現行は損害保険が十分に付保できない懸念があること
④　現行のところ資金調達でプロジェクトファイナンスが利用できないこと

　どんな技術も最初は新技術である。1960年代に現行の液化天然ガスプラントが商業化を開始した際も、天然ガスの液化技術は新技術であったであろう。しかし、80年代には液化天然ガス事業に対してプロジェクトファイナンスが行われるようになった。

　浮体式液化プラントは画期的なものである。上述のとおり、その特長は秀逸である。石油・ガスの生産設備も陸上の設備から洋上の設備に移行していった歴史がある。液化天然ガスプラントが陸上から洋上に移行するのは経済合理性がある。浮体式液化プラントの弱点の克服には、同プラントの安全・安心な操業実績を示すことが必要であろう。操業実績が積み上がってくれば、プロジェクトファイナンスの利用も行えるようになる日が来ると考えられる。

第2節　液化天然ガス事業向けプロジェクトファイナンスの実例

　液化天然ガス事業向けプロジェクトファイナンス案件の具体的な実例を、以下のとおり3件紹介する。
　(1)　パプアニューギニア液化天然ガス事業
　(2)　オーストラリア・パシフィック液化天然ガス事業
　(3)　豪州イクシス液化天然ガス事業

(1)　パプアニューギニア液化天然ガス事業[4]
　パプアニューギニア液化天然ガス事業向けのプロジェクトファイナンス

は、2009年12月に融資契約書の調印を果たした。米国のエクソンモービル社が主導した案件である。事業全体の完成までは約5年を要する見込みであったが、操業開始は計画よりも約半年早く14年5月に日本向けにLNGを初出荷した。総事業費は建設着工当時の見積りで約200億米ドル（約2兆円）。しかし、後日事業費の増額が判明し、現在ではこれを上回る。プロジェクトファイナンスの総額は140億米ドル（約1兆4,000億円）にのぼる。総事業費の約7割をプロジェクトファイナンスによる借入金で調達した。プロジェクトファイナンスの融資には、先進国各国の輸出信用機関（ECA）6行を含む世界23行の銀行が参加した。融資期間は15年に及ぶ（ECAは融資期間17年）。生産される液化天然ガスは年産660万トンで、その約半分は日本に輸出され、約半分は中国等アジア諸国に輸出される。

　パプアニューギニア液化天然ガス事業向けプロジェクトファイナンスの最大の特徴は、パプアニューギニアという新興国で140億米ドルという融資を成立させたことである。本文中にも記載したが、2009年のパプアニューギニ

図表39　パプアニューギニア液化天然ガス事業概要

事業種	エクソンモービル社（米）、オイルサーチ社（豪）、サントス社（豪）、JX日石ほか
所在地	パプアニューギニア（PNG）
事業規模	総投資額：200億米ドル（約2兆円）、LNG生産量：660万トン／年
融資組成日	2009年12月
LNG販売先	日本へ約5割、ほかに中国等
LNG契約期間	20年
融資額	140億米ドル（約1.4兆円）
借入金比率	約70%
融資期間	15年（返済期間は10年）
参加金融機関数	合計23行（うちECA：6行）

（出典）　公表資料より筆者作成

4　本事業のHP、http://pnglng.com/ならびにWood Mackenzie Asset Analysis - *Papua New Guinea LNG April 2013*を参考にしている。

図表40　パプアニューギニア液化天然ガス事業概略図

（出典）　http://pnglng.com/

アの国内総生産は78億米ドルで、この融資額の約半分である。パプアニューギニア政府が国際金融マーケットで調達できる金額をはるかに超えている。パプアニューギニアにおける融資金額としても史上最大のものであろう。

　パプアニューギニアという新興国でこれだけの融資を実現できた要因は何か。それは商業化の遅れている同国の天然ガスを液化することによって、日本をはじめとしたアジア諸国に輸出することができるという点に尽きる。液化天然ガス事業の実現が、パプアニューギニアの高原の奥地に存在する天然ガスをアジア市場と結びつけることができるということである。この事業の経済性に注目し、米国エクソンモービル社は投資を決断し、プロジェクトファイナンス・レンダーは融資を了承したわけである。

　パプアニューギニア液化天然ガス事業向けプロジェクトファイナンスの概要を図表39に、概略図を図表40に掲載する。

(2)　オーストラリア・パシフィック液化天然ガス事業[5]

　オーストラリア・パシフィック液化天然ガス事業向けプロジェクトファイ

5　本事業のHP、http://www.aplng.com.au/ならびにWood Mackenzie Asset Analysis - *Australia Pacific LNG March 2013*を参考にしている。

ナンスは、2012年5月に調印を果たした。融資金額は85億米ドル（約8,500億円）、融資期間は16年。参加銀行数は、輸出信用機関を含め18行に及ぶ。事業の所在地は豪州クイーンズランド州。事業を主導したのは、米国コノコフィリップス社および豪州のエネルギー会社オリジンエナジー社である。総事業費は、120億米ドル（約1兆2,000億円）に及ぶ。借入金はそのうちの約7割である。液化天然ガスの生産量は年産860万トンを予定している。輸出先はほとんど中国になるが、日本にも1割程度輸出される予定である。最初の液化天然ガスは15年半ばに出荷される予定である。

　このオーストラリア・パシフィック液化天然ガス事業向けプロジェクトファイナンスの特長は2つある。1つは、天然ガスが石炭層ガスである点である。豪州クイーンズランド州は、石炭の産地で名高い。日本へも多くの石炭を輸出している。石炭を産出する地層からは天然ガスも産出する。当地では石炭層ガスをすでに利用していたが、多量の石炭層ガスが埋蔵していることから、これを液化し輸出することになった。石炭層ガスを地元で販売するよりも液化して輸出するほうが利幅は大きい。事業主の1社オリジンエナジー社は、石炭層ガスの供給面で活躍する。もう1つの特長は、本事業が液化天然ガスプラントだけを操業する事業だという点である。石炭層ガスはオリジンエナジー社が手配するものの、ガスの液化事業は独立しており、米国コノコフィリップス社等との共同事業である。これまでの液化天然ガス事業は天然ガスの開発・生産と液化天然ガスプラントの事業とを一体で推進することが多かった。いわゆる在来型の天然ガスに関する限り、一体で事業を推進することには経済合理性があった。ところが、石炭層ガスのような非在来型ガスでは、ガスの生産者とガスの液化事業者とが必ずしも一致しない。本事例でもオリジンエナジー社は両者の立場をとるが、米国コノコフィリップス社はガスの液化事業にのみ関与する。したがって、ガスの生産とガスの液化とを一体の事業として推進することがむずかしい。液化事業のみを単体の事業とせざるをえないということになる。シェールガスを増産する米国でも、ガスの生産者とガスの液化事業者とは一致しない傾向がある。なお、

図表41　オーストラリア・パシフィック液化天然ガス事業概要

事業主	コノコフィリップス社（米）、オリジンエネジー社（豪）、シノペック社（中）
所在地	豪州クイーンズランド州
事業規模	総投資額：120億米ドル（約1.2兆円）ただし、液化天然ガスプラントのみ。LNG生産量：860万トン／年
融資組成日	2012年5月
LNG販売先	中国へ約9割、日本に約1割
LNG契約期間	20年
融資額	85億米ドル（約0.85兆円）
借入金比率	約70％
融資期間	16年（返済期間は12年）
参加金融機関数	合計18行（うちECA：3行）

（出典）　公表資料より筆者作成

図表42　オーストラリア・パシフィック液化天然ガス事業概略図

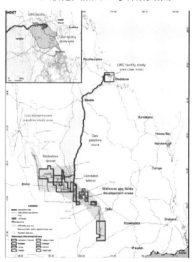

（出典）　Australia Pacific LNG Project-Environmental Impact Assessment

オーストラリア・パシフィック液化天然ガス事業向けプロジェクトファイナンスの概要を図表41に、概略図を図表42に掲載する。

(3) 豪州イクシス液化天然ガス事業[6]

　豪州イクシス液化天然ガス事業向けのプロジェクトファイナンスは、2012年12月に融資契約を締結した。日本の国際石油開発帝石が主導する液化天然ガス事業である。共同事業パートナーは、仏トータル社。トータル社は、液化天然ガス事業の豊富な経験を有する。融資額は200億米ドル（約2兆円）。輸出信用機関（ECA）8行を含む世界32行の銀行が融資に参加した。融資額の規模は最大級である。総投資額が340億米ドル（約3兆4,000億円）と見積もられているので、借入金はそのうち約60％である。融資期間は16年。完工ならびに操業開始は、16年末に予定されている。液化天然ガスの生産量は年産840万トンであり、そのうちの約7割が日本に輸出される。イクシス・ガス田からはコンデンセートといわれる軽質の原油も産出され、ピーク時のコンデンセートの日産10万バレルは本事業の経済性を高めるのに寄与するところが大きい。

　イクシス・ガス田は豪州北西部にある海底ガス田である。約900kmに及ぶガスパイプラインで液化天然ガスプラントの所在するダーウィンまで天然ガスを運ぶ。液化後ダーウィンから出荷する。事業は海底ガス田での開発・生産、ガスパイプラインの敷設、陸上での液化天然ガスプラントという組合せで成り立っている。ガス田開発・生産と液化天然ガスプラントとを一体で事業推進するのは伝統的な液化天然ガス事業である。

　豪州イクシス液化天然ガス事業の特徴は、日本の企業が事業主として初めて主導した点である。国際石油開発帝石は、本事業の60％以上の事業権を有する最大の出資者である。日本の企業は過去液化天然ガス事業に出資するこ

---

[6] 国際石油開発帝石2012.12.18付プレスリリース http://www.inpex.co.jp/news/pdf/2012/20121218.pdf ならびに Wood Mackenzie Asset Analysis - *Ichthys July 2013* を参考にしている。

図表43　豪州イクシス液化天然ガス事業概要

事業主	国際石油開発帝石、トタール社（仏）ほか
所在地	西豪州北西部
事業規模	総投資額：340億米ドル（約3.4兆円）、LNG生産量：840万トン／年
融資組成日	2012年12月
LNG販売先	日本へ約7割、台湾2割ほか
LNG契約期間	15年
融資額	200億米ドル（約2兆円）
借入金比率	約60％
融資期間	16年（返済期間は11年）
参加金融機関数	合計32行（うちECA：8行）

（出典）　公表資料より筆者作成

とはあったが、いずれもマイナー出資にとどまり過半の事業権を握って事業を主導することはなかった。すでに採り上げたカタール液化天然ガス事業[7]でも日本企業のかかわりは多方面にわたったが、日本企業の事業への出資はマイナーである。国際石油開発帝石は本液化天然ガス事業の推進にあたり、液化天然ガス事業に経験豊富な仏トタール社[8]を共同事業者として招聘した経緯がある。経験豊富な事業者と共同で事業を推進することで、事業リスクの軽減を図った。

　豪州イクシス液化天然ガス事業向けプロジェクトファイナンスの概要を、図表43に掲載する。なお、豪州イクシス液化天然ガス事業の概略図は、図表37としてすでに掲載ずみである。

7　「第3章第1節第3項　プロジェクトファイナンスの沿革」
8　仏トタール社の出資比率は30％。前出国際石油開発帝石2012.12.18付プレスリリースによる。

第3節　結　び

　液化天然ガス事業向けプロジェクトファイナンスについてみてきた。液化天然ガス事業向けプロジェクトファイナンスの有用性や将来性とはどういうものであろうか。本書の結論は、液化天然ガス事業の資金調達においてプロジェクトファイナンスが有用であり、その将来性を期待するものである。

　すでにみてきたとおり、プロジェクトファイナンス市場は電力分野と資源分野とが大半を占める。沿革的には資源分野の利用から始まり、電力分野への利用へと発展した。資源も電力も広くとらえると両者はエネルギー分野である。新興国の経済成長が進むとともに、エネルギー需要は確実に伸長する。そういう点でとらえれば、広くエネルギー分野でのプロジェクトファイナンスの利用はこれからも伸長するものと考えられる。

　資源分野では特に石油・ガスの分野が注目される。在来型の石油・ガス開発から、大水深での石油・ガス開発さらにシェール層の石油・ガス開発など非在来型といわれる石油・ガス開発の近年の発展は著しい。本書の液化天然ガス事業向けプロジェクトファイナンスという視点からも、非在来型のガス開発に伴う液化天然ガス事業は新しいタイプのプロジェクトファイナンスを生む可能性がある。

　電力分野では化石燃料による火力発電の今後の見通しが鍵を握る。火力発電には課題が少なくとも2つある。1つは化石燃料の埋蔵量は有限であり、一方で電力需要は新興国の経済成長に伴い急速に拡大する可能性がある点である。もう1つは化石燃料の燃焼に伴う二酸化炭素等の排出物の問題が軽視できない。気候変動に関する政府間パネル（IPCC）[9]は、2007年第4次評価報告書で「地球の気候が温暖化していることには疑う余地がなく（unequivocal）、その大部分は人間の活動による温室効果ガスの増加によってもたらされている可能性が非常に高い（very likely）」と結論づけている。人間の活動による温室効果ガスは、もっぱら化石燃料の燃焼に伴って排出される二酸化

炭素等で構成される。

　電力分野におけるこの２つの課題を解決する切り札が、原子力発電だといわれてきた。しかし、2011年の福島第一原子力発電所の事故で原子力発電に対する世界の見方は一変した。欧米先進国の商業銀行の多くは原子力発電所の建設資金に対する融資を原則禁止するか、融資を行うとしても通常の融資案件とは異なる特別な審査プロセスを義務づけるなど慎重な姿勢をとっている。この２つの課題を解決する、もう１つの可能性は再生可能エネルギーの利用である。水力、地熱、太陽光、風力などを利用した電力発電である。地熱は天候の影響を受けずに随時発電できるが、地熱のある地域は限定される。水力、太陽光、風力は天候に左右される。水力発電はダムの建設で環境に与える影響が看過できない。太陽光と風力は現在のところ、まだ発電コストが高い。太陽光よりも風力のほうが発電コストは低いので、世界的には太陽光より風力のほうが普及している。いずれにしても、再生可能エネルギーが化石燃料による発電を大幅に代替する日はまだ遠い。固定買取制度などの政策により、相対的に高い発電コストであっても再生可能エネルギーの発電設備を促進することはある程度可能である。しかし、高い電力コストは最終的に電力の最終消費者が負担することになるので、政治的なコンセンサスが必要である。

　化石燃料による火力発電所は中長期的には課題をはらむものの、これを大幅に代替する方法は短期的には見出しにくい。したがって、当面は電力需要の伸長とともに火力発電所の増設は続く。化石燃料のなかでは天然ガスに優位性がある。石炭、石油に比べ燃焼時の排出物が少ない。埋蔵量も石油よりもはるかに多い。しかし、天然ガスの難点は輸送の問題である。天然ガスを

9　気候変動に関する政府間パネル（Intergovernmental Panel on Climate Change, IPCC）は、1988年に世界気象機関（WMO）および国連環境計画（UNEP）によって設立された国連の組織。各国政府から推薦された科学者により、地球温暖化に関する科学的・技術的・社会的評価を行う。その成果は、90年以降、第１次、第２次、第３次、第４次、第５次評価報告書というかたちで一般に公開されている。第５次評価報告書は2014年に公開された。

液化する事業はこの難点を克服するものである。そして、液化事業に要する巨額の資金についてプロジェクトファイナンスを通じて資金調達をすることができる。プロジェクトファイナンスは事業融資の雄である。液化天然ガス事業向けプロジェクトファイナンスの存在意義は、この点にある。液化天然ガス事業向けプロジェクトファイナンスの有用性や将来性は天然ガスの有用性や将来性とともにあるといっていい。

あ と が き

　筆者は1990年に初めてプロジェクトファイナンスの業務に携わった。それまで5年半の間、邦銀の国内支店2店舗で主に国内の融資業務を行っていた。89年の暮れのある日、職場で支店の副支店長に呼ばれた。「本店のプロジェクトファイナンス部に転勤だ。おめでとう」と副支店長は告げると、それに続いて独り言のように「プロジェクトファイナンスって何かなぁ」とつぶやくのが聞こえた。当時銀行内の管理職でも、プロジェクトファイナンスが何かを説明できない人はたくさんいた。

　銀行業にどういう種類の業務があるのかがだんだんとわかってきて、デリバティブなどを扱う市場部門の仕事や企業買収を扱うM&Aの仕事が若い銀行員の間で人気があることを知った。いずれも本店のしかるべき部署で行われている専門職である。国内支店にいる限り、ほとんど縁のない仕事である。一方で、プロジェクトファイナンスの仕事は、先に触れた副支店長のエピソードにあるとおり、当時銀行員の間でさえほとんど知られていなかった。プロジェクトファイナンスに携わる銀行員の数も限られていた。1990年代初頭のプロジェクトファイナンス部の先輩方の間に「士農工商プロジェクト」という自虐的なジョークがあったのを覚えている。江戸時代の身分制度にたとえて、プロジェクトファイナンス部の銀行内での地位の低さを嘆いたものである。もちろん、このジョークには自負心も隠れている。「だれにでもできるような単純な仕事じゃぁない」という自負心である。「そのわりには銀行内で認知されていない」という不満がこのジョークには内包されている。諸先輩方がプロジェクトファイナンスという仕事に自負心をもっていたのは疑いがない。その仕事ぶり、口ぶりから察せられた。それはおそらくプロジェクトファイナンスが魅力的な仕事だからである。筆者も米国駐在中にプロジェクトファイナンスの仕事に魅了されるようになった。「こんな面白い仕事はない」と思うようになった。プロジェクトファイナンスと出会って

から7～8年が過ぎていた。

　そのプロジェクトファイナンスの仕事を続けるために、邦銀の退職を余儀なくされた。45歳の時である。邦銀マンの寿命は短い。仕事内容を選ぶのなら、勤務先を変えなければならない。邦銀に限らないが、日本の会社共通にみられる問題である。雇用契約はあっても、職務内容は決まっていない。会社の発令ひとつで異動、転勤、果ては転籍となる。好きな仕事を続けるために、会社を変えなければならない。

　転職は当初あまり気が進まなかったが、自分のやりたい仕事がやりたいという思いは抑えることができなかった。在日外資系の銀行に勤務するようになって、仕事観やキャリア観は各段に変わった。もっと自分のやりたいことをやればいい、という自由な発想が燎原の火のごとく広がった。これは転職前には予想もしなかった変化である。日本の会社に在籍を続けていたならば、こういう着想を得ることは到底なかったはずである。数年前プロジェクトファイナンスについての書籍出版が実現したのも、そういう自由な発想の賜物である。セミナー等の講師を引き受けるのも、同様の発想である。そして、仕事を続けながら平日夜間と週末に通学して大学院卒業を果たしたのも、その賜物である。

　本書は、大学院時代に作成した修士論文を加筆修正したものである。早稲田大学大学院の岩村充教授、翁百合客員教授には2年間にわたり温かいご指導をいただきました。この場をお借りしてあらためて御礼申し上げます。また、本書出版の機会を与えてくださった金融財政事情研究会の谷川治生氏、髙野雄樹氏のご両名にも厚く御礼申し上げます。最後に、筆者のやることなすことを応援してくれる妻さとみ、3人の子どもたち、両親に感謝したい。いつもありがとう。

2014年12月

井上　義明

【参考文献】

(1) 天然ガスおよび液化天然ガス関連
［書籍］
伊原賢『シェールガス革命とは何か』(2012年、東洋経済新報社)
エティエンヌ・ダルモン／ジャン・カリエ『石油の歴史―ロックフェラーから湾岸戦争後の世界まで』(2006年、白水社)
ジャレド・ダイアモンド『文明崩壊』(2005年、草思社)
ダニエル・ヤーギン『石油の世紀―支配者たちの興亡』(1991年、日本放送出版協会)
ダニエル・ヤーギン『探求―エネルギーの世紀』(2012年、日本経済新聞出版社)
兼清賢介監修『石油・天然ガス開発のしくみ』(2013年、化学工業日報社)
［論文・レポート］
伊原賢「シェールガスのインパクト」(『石油・天然ガスレビュー』2010年5月号)
伊原賢「連携強める天然ガス生産国の思惑」(2012.1、JOGMEC石油調査部資料)
伊原賢「坑井仕上げの進化―シェールガス開発技術のタイトオイル開発への適用」(2011.1、JOGMEC石油調査部資料)
大貫憲二「欧州における天然ガス購入価格見直しの動き」(2012.10、JOGMEC石油調査部資料)
経済産業省「エネルギー白書」
坂本茂樹「飛躍するオセアニアのLNG事業：展望と課題」(『石油・天然ガスレビュー』2010年3月号)
資源エネルギー庁「我が国の天然ガス及びその供給基盤の現状と課題」2012年
杉野綾子「米国・カナダ産LNG輸入構想に関する通商法面からの考察」(『エネルギー経済』第38巻2号)
永井一聡「フローティングLNGへの期待と最近の動向」(『石油・天然ガスレビュー』2013年9月号)
丸山裕章／Lainie Kelly「豪州の石油ガス上流産業の現状と今後について」(『石油・天然ガスレビュー』2012年9月号)
BP Statistical Review of World Energy
James Henderson：*The Potential Impact of North American LNG Exports* (2012.10 The Oxford Institute for Energy Studies)
International Energy Agency：*World Energy Outlook 2011*
［その他］
日本経済新聞の記事
日経ビジネスの記事

Deutsche Bank Analyst Reports
Wood Mackenzie Reports

⑵　プロジェクトファイナンス関連
［書籍］
エドワード・イェスコム『プロジェクトファイナンスの理論と実務』（2006年、金融財政事情研究会）
小原克馬『プロジェクト・ファイナンス』（1997年、金融財政事情研究会）
加賀隆一編著『プロジェクトファイナンスの実務―プロジェクトの資金調達とリスク・コントロール』（2007年、金融財政事情研究会）
ジョン・フィナーティ『プロジェクトファイナンス―ベンチャーのための金融工学』（2002年、朝倉書店）
中谷和弘・植木俊哉・河野真理子・森田章夫・山本良『国際法』（2006年、有斐閣）
西川永幹・大内勝樹『プロジェクトファイナンス入門―現場経験者が説き明かす金融手法』（1997年、近代セールス社）
町田裕彦『PPPの知識』（2009年、日本経済新聞出版社）
横井士郎編『プロジェクト・ファイナンス』（1985年、有斐閣）
ロバート・ハイルブローナー『入門経済思想史―世俗の思想家たち』（2001年、筑摩書房）
井上義明『実践プロジェクトファイナンス』（2011年、日経BP社）
［論文・レポート］
Moody's Investors Service：*Default and Recovery Rates for Project Finance Bank Loans, 1983-2010 (January 31, 2012)*
Baker & McKenzie：*Power Shift 2013*
Thomson Reuters Reports

事項索引

A〜Z

Acts of God……………………129
Asian Development Bank…………53
Availability Payment…………44, 61
Avoided Cost…………………42
Basis Point……………………56
British Thermal Unit……………14
BTU……………………………14
Capacity Charge………………43, 61
Cash Deficiency Support…………48
cash sweep……………………124
Cash Waterfall…………………120
Charter Agreement………………63
clawback………………………124
Commissioning…………………97
Contractual Structure……………47
Creeping Expropriation…………133
Cross Charge……………………90
Debt/EBITDA Ratio……………55
Debt/Equity Ratio………………55
Debt Service Coverage Ratio……65
Debt Service Reserve Account……98, 120
deferral…………………………124
Dividend Restriction……………120
DSRA……………………………121
ECA……………………………145
Energy Charge…………………43, 61
E&P……………………………38
EPC Contractor…………………96
EPC 契約………………………96
Equator Principles………………33, 126
Equator Principles III……………33, 127
Equity First……………………88
Exploration and Production………38
Feed-in Tariff…………………63
Final Acceptance………………97
FIT……………………………63
Floating LNG…………………26, 140
Floating Production Storage Offloading……………………61
Force Majeure…………………129
four-point cover………………137
FPSO 事業………………………i
FTA……………………………136
Fuel of Future…………………6
Golden Age of Gas………………6
Henry Hub……………………140
Horizontal Drilling………………10
Hydraulic Fracturing……………10
IEA……………………………6
Independent Power Producer……34
in-house petroleum engineer……38
International Finance Corporation……………………………52
International Oil Companies……86
IPCC……………………………151
IPP……………………………34
Joint and Several Guarantee……88
Letter of Credit…………………88
Libor……………………………114
LNG 船事業………………………i
Long Negotiation Game…………25
Mechanical Completion…………97
MTBE…………………………135
National Oil Companies…………86
Natural Disaster………………129
Natural Hedge…………………117

158

NGO	126
Non-Government Organization	126
Non-Profit Organization	126
NPO	126
Offshore Account	134
Operation & Maintenance Contract	106
PFI	ii, 62
possible reserves	101
Power Purchase Agreement	42
PPP	ii, 62
prepayment	125
Private Finance Initiative	44, 62
Private Public Partnership	44, 62
Probability	101
probable reserves	101
Production Payment	37
Pro Rata	87
proved reserves	101
Provisional Acceptance	97
Public Utility Regulatory Policy Act	42
PURPA法	42
recourse	47
Reserve Based Finance	102
Reserve Based Lending	102
Reserve Cover Ratio	102
Reserve Tail Ratio	102
Revenue Account	120
S-Curve	23
Single Purpose Company	31
SPC	i, 31
Special Purpose Company	31
subordinated loan	48
S字カーブ	23
Technical Default	123
three-point cover	137
Through-Put Agreement	63
Tolling Arrangement	142
Trustee Account	134
Trustee Borrowing	134
Unconventional Gas	140
Value for Money	62
VFM	62

あ

アジア開発銀行	53
アダム・スミス	73
アボイデッド・コスト	42
有吉佐和子	125

い

イアン・ブレマー	14
硫黄酸化物	7
一物一価	14
イノベーション	10
インフラ案件	40
インフラ事業	i

う

運転資金	30
運輸部門のインフラ案件	40

え

エージェント	113
液化技術	27
液化天然ガス事業	70
液化天然ガス販売契約	110
液化天然ガス販売契約書	51
エチレンプラント	10

お

欧州危機	80
欧州連合	15

事項索引　159

オフショア・アカウント……………134
オフバランス………………………58

か
海外送金………………………………133
外貨交換………………………………133
外部経済効果…………………………41
外部経済性……………………………41
確認埋蔵量…………………………101
可採埋蔵量…………………………100
化石燃料………………………………6
ガソリン添加剤……………………135
借入金の通貨…………………………68
借入金返済…………………………118
借換え…………………………………32
為替・送金リスク…………………132
為替予約………………………………68
環境影響評価書………………………54
環境リスク……………………………4
完工遅延……………………………39,95
完工保証能力…………………………86
完工保証の終了………………………97
完工リスク……………………………3
慣習国際法…………………………133
カントリーリスク……………………4
カントリーリスク保険……………136

き
企業向け融資…………………………54
期限の利益…………………………104
期限前返済…………………………125
気候変動に関する政府間パネル…151
基軸通貨………………………………66
技術リスク……………………………4
キャッシュ・ウォーターフォー
　ル………………………………120
キャッシュスイープ………………124
キャッシュフロー……………………30
キャッシュフロー・アウト………116
キャッシュフロー・イン…………116
キャッシュフローリスク……………4
キャッシュフロー・レンディン
　グ…………………………………47
狭義のカントリーリスク…………136
行政権の濫用………………………133
許認可取消しのリスク……………136
ギリシャ危機…………………………80
銀行の保証………………………88,91
銀行法4条…………………………137
金銭債務……………………………131
金銭消費貸借契約証書………………55
金利・為替リスク……………………4
金利固定化……………………………65
金利上昇リスク……………………114

く
屈折点…………………………………23
クローバック………………………124
クロス・チャージ……………………90

け
契約不履行リスク…………………132
頁岩……………………………………9
減価償却………………………………98
原始埋蔵量…………………………100
原状回復……………………………109
建設契約………………………………96
建設契約書……………………………51
現地通貨………………………………66
憲法29条……………………………132

こ
広義のカントリーリスク…………136
広義のデフォルト…………………122

公共の利益	136	事業収入の通貨	66
航空機ファイナンス	51	事業遂行能力	86
コーポレートファイナンス	i	事業モデル	109
国際エネルギー機関	6	事業リスク	31, 51
国際金融機関	126	資源開発	70
国際金融公社	52, 126	資源開発事業	i
国際司法裁判所	131	資源型	ii, 60
国際司法裁判所の同意原則	131	市場調査報告書	54
国内型	65	市場リスク	61
国有化	132	シニア・レンダー	48
コジェネレーション	41	忍び寄る収用	133
コストオーバーラン	39, 95	支払の優先順位	116
コスト相殺効果	79	支払利息	98
コベナンツ	31, 55, 57	資本コスト	61
コントラクチャル・ストラクチャー	47	ジャレド・ダイアモンド	125
		収入アカウント	120
		自由貿易協定	136

さ

災害リスク	4	収用	132
採掘委託契約書	51	収用リスク	132
債権的権利	32	主権国家	131
財産権	132	出資金拠出能力	86
再生可能エネルギー	63, 152	守秘義務契約書	54
財務コベナンツ	57	商業契約書群	51
財務諸表	50	情報の非対称性	47
財務分析	i	ジョージ・アカロフ	53
債務保証	i, 48	ジョン・フィナーティ	37
在来型	10	シンジケーション	39
先物市場	15	信託口座	134
作為	131	信用扱い	56
サプライチェーン	25	信用格付	i, 58

し

試運転	97
シェールガス	iii
事業金融の雄	i
事業収入の安定性	62

す

水圧破砕	10
垂直掘削	10
推定埋蔵量	101
水平掘削	10
スポット取引	111

スポンサー･････････････････86
スポンサーリスク･･･････････3
スリーポイントカバー･････137
スルーブット契約････････････62

せ
請求権･･････････････････････47
税引き後利益･･････････････98
石炭層ガス････････････････93
赤道原則････････････････33,126
石油エンジニア･････････････38
石油化学･････････････････････71
石油化学事業･･･････････････i
石油精製･･･････････････････71
石油精製事業････････････････i
接収････････････････････････132
設備資金･････････････････････30
戦争リスク･･･････････････132
船舶ファイナンス･･････････51

そ
操業委託契約･････････････106
操業契約書･･･････････････････51
操業費････････････････････118
操業リスク････････････････････4
ソブリンシーリング････････91
ソブリンリスク･････････78,131
損害賠償････････････････････96

た
対外的な独立権･･･････････131
大恐慌･･･････････････････････38
太陽光発電･････････････････63
ダニエル・ヤーギン････････6
炭化水素･･････････････････6,10
淡水化事業･････････････････77
炭素税･････････････････････135

ち
窒素酸化物････････････････････7
チャーター契約･････････････61
チャーター料･･･････････････62

つ
通貨スワップ･･････････････68
つなぎ融資････････････････127

て
ディファーラル･･･････････124
テクニカルコンサルタント･･97
テクニカル・デフォルト･･123
デッドサービス・リザーブアカ
　ウント････････････････････120
デフォルト･･･････････････122
デフォルト率･･･････････････73
デュー・ディリジェンス･･32
寺田寅彦････････････････････130
天然ガスの黄金時代･････････6
電力型････････････････････ii,60
電力固定価格買取制度･････63

と
倒産隔離･････････････････････49
投資協定･･････････････････133
トーリング・アレンジメント････142
特別目的会社･･･････････････i
独立採算型････････････････62
独立電力事業者･････････････34
土地収用法･･････････････････132
トラスティー・ボロウイング･･134

な
ナチュラル・ヘッジ･････68,117
ナフサ･･････････････････10,71

に
二酸化炭素·················7
ニッチ戦略················68

ね
熱エネルギー変換効率········42
燃料供給契約書············51
燃料費···················61
燃料費調整制度············113

の
ノンリコース················i
ノンリコースローン··········99

は
パーパ法··················42
排他的な統治権···········131
買電契約·················42
買電契約書············51,60
配当金·················118
配当金支払条件·········122
配当制限···············120
ハイリスク・ハイリターン······2
破綻リスク················57
発電事業··················i
バランスシート············58
販売リスク·················4

ひ
非在来型··················iii

ふ
ファンド·················107
フィー···················32
フォーティーズ油田開発······38
フォーポイントカバー·······137
不可抗力················131

福島第一原子力発電所······13
不作為·················131
浮体式液化プラント······4,140
ブタン····················12
物権的権利···············32
物的資産················32
プライシング··············56
ブリッジローン···········127
プリンシパル············113
プロダクション・ペイメント···37
プロラタ拠出··············87

へ
ベンゼン··················12
ベンチャー・キャピタル·····107
変動費用·················61
ヘンリーハブ············140

ほ
法制変更リスク··········135
保険金請求権···········130
保険コンサルタント······130
ポリティカル（政治）リスク···131

ま
マージン··················32
埋蔵量評価書············54
埋蔵量リスク················4

み
未来の燃料················6
民法419条3項··········131

め
メチル・ターツ・ブチル・エーテル··············135

も

モーゲージローン·····················33

ゆ

ユーロトンネル······················39
輸出型·····························65
輸出信用機関·····················145
輸入代替··························72

よ

洋上生産貯蔵施設··················61
揺動リスク······················109
予算超過··························39
予想埋蔵量······················101

り

利益相反··························31
リコース··························47
リコースローン····················96
リザーブ・カバー・レシオ·······102
リザーブ・テール・レシオ·······102
リザーブ・ベース・ファイナンス···················102
リザーブ・ベース・レンディング···················102
リスクの分散······················57
リファイナンス····················32
リミテッドリコース···············47

れ

レイチェル・カールソン········125
劣後ローン························48
連帯保証··························88

ろ

ローリスク・ローリターン··········2

LNG（液化天然ガス）プロジェクトファイナンス
──リスク分析と対応策

平成27年1月28日　第1刷発行

著　者　井　上　義　明
発行者　小　田　　　徹
印刷所　三松堂印刷株式会社

〒160-8520　東京都新宿区南元町19
発　行　所　一般社団法人 金融財政事情研究会
　　　　　編集部　TEL 03(3355)2251　FAX 03(3357)7416
販　　売　株式会社きんざい
　　　　　販売受付　TEL 03(3358)2891　FAX 03(3358)0037
　　　　　URL http://www.kinzai.jp/

・本書の内容の一部あるいは全部を無断で複写・複製・転訳載すること、および磁気または光記録媒体、コンピュータネットワーク上等へ入力することは、法律で認められた場合を除き、著作者および出版社の権利の侵害となります。
・落丁・乱丁本はお取替えいたします。定価はカバーに表示してあります。

ISBN978-4-322-12627-3